歷科廷試狀元策

2

明·焦竑 輯

明崇禎世德堂刊本

江蘇大學出版社
JIANGSU UNIVERSITY PRESS
鎮江

第二册

歷科廷試狀元策天集（二）……一
歷科廷試狀元策地集……一九七

皇帝制曰朕惟

天命立君以宰於上必有分理協助之臣所謂鄰哉都吁堯舜之允聖不有稷賢人良之助豈二聖獨勞耶夫以古元首股肱其為一体上下相資不若茲時之大不同者朕以心腹置人心腹中何乃視我俛然焉安望為國恤民也朕固無知人之哲能官人之智我欲聞是知能之方爾多士目覩既真當有益我知能之道悉著以對勿諱勿欺

臣諸大綬

臣對臣聞帝王之制治於無疆也必君臣相孚而後成德業之盛必仁義相濟而後得馭臣之方何者君猶天也臣猶四時五行也天道有默運之神而所以普生成之功者未始不

由於四時五行之布人君建維皇之極而所以達政教之積者未始不賴于公孤司府之承然而君之於臣也其心一其任專故無盡夫使下之道而臣之於君也其分懸其事賾或未篤夫事上之誠於此而欲馭之有方以致乎相孚之美賴之協所以臻夫至治之隆必也仁義之相濟乎仁也者渥之以恩而啓其報禮之重者也義也者裁之以法而格其頗辟之私者也有恩以渥之則臣皆秉忠愛之忱而不忍欺有法以裁之則臣皆存寅畏之念而不敢欺愛畏之情交於中而靖恭之節著于外由是百官盡亮熙之道賡政有維和之休猶之四時之各宜其氣也五行之各司其候也而天道之運於上者自然高明而悠久不言而成化矣此唐虞之世所以明良喜起而道協於一心德業光昭而治隆於千古也不然

純任義而不渥之以恩則情意弗聯固非同心同德之義純任仁而不裁之以法則章癉弗著豈所以誠其自靖自獻之忠哉是故君臣相孚斯德業之本也仁義相濟斯馭臣之方也所以比隆唐虞而致治無疆者端不外是也恭惟

皇帝陛下

稟剛明純粹之資

秉仁義中正之德

恭默體道而上通

天載之神

推誠任人而允升大猷之治

盡倫盡制握君師治教之權

建極建中闡帝王精微之學

文命敷於四海
聲教迄於八紘德已崇矣業已廣矣然猶
聖不自聖進臣等于
廷
俯賜清問即臣等目覩之事詢臣等知能之方臣草茅愚陋不
能仰承
德意然人臣之道事君之義臣講之素矣敢不披瀝以對揚萬
一耶臣聞之傳曰天生民而立之君蓋言天爲萬物之祖而
不能盡左右之方故擇人聰明之盡者而隆之以君師之任
是代天之道者君也當以天之心爲心者也禮曰設官分職
以爲民極蓋言君出庶物之首而不能兼百職之繁故擇賢
才之可任者而委之以料理之責是代君之事者臣也當以

君之心爲心者也君以天之心爲心其道法天而不私以無心成化爲至故君道常主乎逸臣以君之心爲心其道從君而不二以夙夜匪懈爲至故臣道常主乎勞粤稽諸古帝堯之德欽明文思允恭克讓固至極而無以加矣然其所以致時雍於變之休者堯非獨爲之勞也當時若羲和授時舜納百揆益烈山澤禹抑洪水孰非賢良之臣爲之惠疇若采而分理協助於下耶故稱堯之治者謂之則天言其同天之無爲而蕩蕩乎無能名也帝舜之德濬哲文明溫恭允塞亦至極而無以加矣然其所以致四方風動之治者舜亦非獨爲之勞也當時若皋陶明刑稷教稼穡伯夷典禮後夔作樂又孰非賢良之臣爲之奮庸熙載而分理協助於下耶故稱舜之治者謂之無爲言其得人之甚逸而雖盛德蔑以加也

語治至於唐虞亦云極矣為君至於堯舜亦可以無議矣而其必任乎臣隣如此則夫君享其逸臣任其勞固天地之常經而萬世之定論也但君之視天下也猶一身而人臣則或自私其身君之視天下也猶一家而人臣則或自利其家蓋自漢唐而下迄於宋元風會日漓淳龐寖散其間忠臣良相雖不無可稱而求其百僚師師如古唐虞之盛殆不可多見矣洪惟

太祖高皇帝應運開基統天立極而一時豪傑之士雲附景從若劉基之明炳宋濂之學行徐達之沉毅常遇春之勇略陶安之論議王褘之忠貞率皆進之帷幄列之後先同心協德以共成一代光明之業交歡濟美而永貽萬世無疆之休茲我

太祖天錫神聖而馭臣有方實亦一時諸臣慶知遇之隆秉匪躬

之節忠愛而不忍欺寅畏而不敢欺也今我
皇上
久道成化
純心用賢委任之專也讒間不能携其情責成之久也進退得
以行其志一有微能則因能而受之任不惜夫爵秩之隆一
有微功則因功而加之賞不靳夫匪頒之賜至於禮意之優
渥益乎若陽春
訓諭之叮嚀藹然如父子
陛下之所以待群臣者直可謂推心置腹而相待一體者矣三公
九卿百司庶府同覆幬之化而共荷夫生成浹雨露之恩而
咸思夫報稱固亦更相淬厲勉自修省以求不忝於厥職無
媿於乃心然而人心不同智愚相越即今觀之臣未敢謂盡

如唐虞諸臣之良也亦未敢謂盡如
國初諸臣之盛也臣伏讀
聖制有曰夫以古之元首股肱真是一體上下相資不若茲時之
大不同者朕以心腹置人心腹中何乃視我仇讐焉安望為
國恤民也臣因是仰窺
陛下之心任賢所以為國使臣將以恤民是誠以天之心為心者
也凡茲臣庶咸宜以
陛下之心為心而今有不盡然者將安所逃於天地間耶然臣嘗
聞之治世非無小人自難乎其為小人亂世非無君子自難
乎其為君子方
今道協太平世登盛治而諸臣之中間有不率者是亦治世之
小人也不可以是槩視諸臣也顧所以馭之何如耳今大元

首股肱相爲一體君上臣下適須相資非古之時爲然而今之獨不然也良以古之人心即今之人心而今之士習非古之士習古之人臣其視君眞猶元首也其事是君眞猶股肱之衛元首也皆根於心之不可解而發於情之不可遏愛而彌篤不敢有一毫之自私也敬而罔怠不敢有一毫之自四也而今之事君則有不盡然者坐而論道非無秉忠竭誠之臣而懷欺狥黨者亦容有之矣起而作事非無效忠宣力之臣而怠事苟祿者亦容有之矣藩屏四方固有旬宣而惠和者而尸素養望亦未必其盡無也擁麾分閫固有戮力而矢心者而損威失重亦未必其盡無也此其心非始於一念之自私則始於一念之自四惟自私則忠愛之情疎而不能懇切眞誠以服勤乎王事惟自肆則敬畏之心怠而不能儼恭儆

恪以祗若乎明威以此為國安望其輔理之功以此為民安
望其勤恤之政此誠有如
陛下之所諭也然而自負其心則亦自貽其戚若萬物之自棄於
大造而奚虧於天地之化乎若人子之自乖乎順德而奚損
於父母之慈乎
聖制乃曰朕固無知人之哲能官人之智而下詢臣等以知能之
方臣竊仰見
陛下離照無私明見萬里之外
乾剛獨斷總裁庶政之幾別邪正之途而凡臣庶之隱幽咸得
其情一日月之照臨而萬物莫不被其光也盡器使之道而
凡大臣之任使各因其才一四時之順布而萬物莫不得其
所也然則知人之哲能官之智固已曠千古而同符堯舜矣

臣愚一得之見則有仁義相須之説焉謂之仁者非姑息之謂也念一体之係而推容保之恩使之親而不相間耳謂之義者非刻薄之謂也防慈愛之流而用威克之道使之尊而不相玩耳斯二者在

陛下已預養而時出之而臣復以此爲言者蓋以諸臣之中賢否殊途固有戴仁以圖報者矣而亦有見義而後懲固有感恩以作忠者矣而亦有畏法而後勸殆不可以一例齊也今

陛下之於臣寵之以禄秩榮之以聲名忠信以孚其心禮義以重其任仁無不至矣意者一於慈惠則惠褻而不以爲恩過於寵榮則寵加而不以爲德秉忠竭誠者任之彌專可也其或懷欺而徇黨則天討之彰可不行歟效忠宣力者委之不二可也其或怠事而苟禄則廢黜之典可不去歟旬宣惠和者

進之崇階可也其或尸素而養望則三載之考可不嚴歟蓋力矣心者託之閫外可也其或損威而失重則三錫之命可不慎歟又或閒行不測之威以懾奸宄之志特申核實之令以稽文飾之奸其稱賢能也必審其賢能之實而名浮於德者在所不肅其稱課最也必核其課最之詳而祿浮於功者在所必黜某也任某事克勝其任旌之可也苟受直而怠事則懲其瘝曠之愆某也舉某人不負所舉賞之可也苟阿好而狥私則治其欺罔之罪推而至於天下之大四海之廣因大臣以督監司由監司以督守令潢池之弄兵未息則知其保障之才跡閭閻之貧困未蘇則知其催科之政急嚴明乎賞罰而大起精明之功振肅乎紀綱而痛革因循之弊使天下先滌心志聚會精神如手持而足行目視而耳聽皆流

於元氣從令於天君呼吸運動神應默從而莫有不管攝者斯則義之用也而實所以濟乎仁也法之裁也而實所以行乎其恩也凡茲臣庶皆將感乎仁而興忠愛之忱服乎義而存寅畏之念在內者務啓沃之忠而思所以盡其道為丙魏之同心輔政為房杜之明斷相資而坐而論道者罔不良矣為汲黯之鎮重社稷為陸贄之竭忠贊襄而起而作事者罔不勤矣在外者效承宣之能而思所以供其職為龔遂之寢惡勃海為文翁之興學成都而藩屏四方者罔不勤矣為裴度之削平淮蔡為韓琦之坐懾西羌而擁麾分閫者罔不競矣元首明於上而股肱懍勵翼之誠腹心置於人而手足效維持之義如此而喜起賡歌之盛豈徒專美於唐虞而已哉此非臣之私言也唐虞之時都俞吁咈而上下交孚太和之

氣象固可想矣然而四凶之誅未嘗少貸焉是未始不裁之以義也哉

太祖之時群臣協心而共成大業情意之浹洽固云至矣然而賢奸之辨因而作傳焉則亦何嘗不裁之以義耶葢仁者天地之和氣也義者天地之肅氣也人君繼天而出乎治焉天以立夫極則法其和而爲仁法其肅而爲義其道固所以相濟而不可以相無也然臣又聞之先儒曰仁可過也義不可過也故天地之道和風甘雨長養萬物其機未嘗或息而雷霆之震霜雪之擊則一時見焉是仁義之用雖天地固已酌而施之矣

陛下深仁厚澤淪浹人心如和風之鼓舞甘雨之滋潤天下莫不被之而間一行義以過惡懲奸固有斷不至於過者然而後

天之心愿天之道寧過於仁而無過於義此實臣之所以惓
惓仰望於
陛下者也如事可罪也或原其過誤之情言雖戇也或諒其忠誠
之悃擴包荒之度而罪宜從輕開遷善之門而刑過無小則
天下皆知
陛下之用義也用乎其所當用者也其裁之以法也裁乎其所不
得不裁者也而凡人臣之沐浴於深仁者固已德一而心同
其自罹於罪愆者亦皆心悦而誠服如萬物之於天地然雖
覆之而無憾如人子之於父母然雖勞之而無怨矣此之謂
仁育義正相無相濟固不以恩而廢法亦不以法而傷恩斯
天地之全德而帝王之中道也乃若張皷舞之大機用磨礪
之大柄使天下士即未仕之初而預養夫忠貞之志當既仕

之日而益堅夫篤棐之貞則學校之教考課之法殆亦不可緩焉盍學校之設風俗之關也今仕初習句讀而其心多以榮身肥家爲圖則及其筮仕也授以官秩而藉爲媒利之階委以任使而視爲肆志之地爲德爲民養之無素而安望其能盡然耶是故必重學校如古三物之教六德之修使窮居之日已真知夫君臣之義如范仲淹自秀才時遂以天下爲已任則行義之際庶幾不變其塞而忠君愛國自有所不容已矣考課之典賢否之別也今庶官因緣爲奸而典銓或未得其情僞之實則雖亦猶夫考課也然賢者未必褒而爲善之心日弛不肖者未必斥而僥倖之心日甚黜陟幽明不無失當而安望其能勸懲耶是故必嚴考課如古八法之治六條之察使不才之流不得濫夫名器之重如三代盛時官不

以[illegible]及私昵爵罔及惡德則忠良之臣庶幾益加激勸而鞠躬盡
瘁亦在所不敢辭矣此二者亦皆所以行仁義之道而感率
人臣以效忠者也若夫明哲以知人論官而器使則固陛下
陛下德明德威之餘事耳而臣又何容贅耶抑又有獻焉仁義之
德原於天而根於心心焉既正則一念之慈愛即為仁一念
之裁制即為義時而出之並行而不悖舉而措之參和而不
偏皆此心之妙用焉耳臣願
陛下益純敬一之功懋養淵明之德澄心正極省慮涵虛有敬止
之純矣而務底於緝熙有剛健之体矣而必期於不息則精
明之中萬理咸備公溥之內至德渾全存諸中可以合天心
達諸外可以發天機時焉以仁而用恩即天之和煦而不流
也時焉以法而用義即天之肅烈而不過也王道普和平之

美庶官成效順之風

至治俾天下無疆而

萬壽引于弗替天下幸甚愚臣幸甚臣不識忌諱冒瀆

宸嚴不勝戰慄隕越之至臣謹對

癸丑科嘉靖三十二年

皇帝制曰朕聞后克艱厥后臣克艱厥臣若是上下之職均有莫

不易之理昏才之主亦多此之上者曷不自勉諸耶朕承

皇考

皇妣近澤所鍾丕荷上天民命簡畀后職勉法

祖宗敬

天愛民由胞及與未嘗敢忽何爲臣者無克艱之思每懷欺干誘

甚至勾沙漠以爲骨肉但逞奴主之逆不顧胞與之害比甚

至大者他皆可例焉君逸臣勞都能言諸口心身行甚少先

行其言之聖訓視作空言矣爾多士身未登于位而心志正

在明白地聞見久矣必有不易之論宜直列于篇以對

臣陳謹

臣對臣聞帝王之御世也致治于無虞者君臣相得之功保治于無疆者君臣交儆之助何者天之立君所以任繼天之責君之得臣所以弘子民之道是君臣之分雖殊而克艱之司則一使非有相得之情則分隔而志不通無以究經綸之蘊非有不儆之益則面從而心日弛難以致一德之孚惟夫君立其綱臣任其事則心不勞而萬幾日理君虛其受臣獻其忠則志不怠而化理維新夫然則君臣道合所以讀明誦諧者有成功上下情聯所以輔理承化者有偉績鞏國祚于苞桑之固措天下于太山之安者端在是矣欽惟

皇帝陛下以

剛健中正之資備

文武聖神之德光昭

大統克纘
鴻基肇中興之令圖開太平之昌祚盖粹乎位斯道之中而建
維皇之極者也臣竊伏草茅遥瞻
治化久矣兹者明有司之薦得以與
大廷之對而
聖策有及于君臣克艱之言臣謭陋祖蹤之見誠不足以裨
國論之萬一然一得之愚敢披忠悃就
陛下所問及者而敬陳之嘗考之書曰亶聰明作元后元后作民
父母言天之立君所以代天而施長民之政也詩曰藹藹王
多吉人維君子命媚于庶人言君之得臣所以体君而敷惠
民之澤也君代天而爲之子是故所居者天之位也所宣者
天之言也所行者天之工也以上天化育之所以不及而寄

之于君則君之責亦甚重矣臣体君而爲之用是故所食者
君之祿也所治者君之民也所理者君之事也以人君分理
之重寄而托之於臣則臣之責亦不易矣是以克艱厥后克
艱厥臣誠有如大禹所論者在昔唐虞之世代天者有放勳
重華之聖其克艱之任爲不負矣而當時輔弼之臣簡事分
理同心以協其謀都俞吁咈儆戒以成其美是以上下交而
德業成而時雍風動之休至今稱盛治也三代之時在上者
有秪台建中之君純德敬義之主其克艱之責可以繼唐虞
而稱美矣而其贊襄之佐亦皆相知以心形迹不累相濟以
道飭厲無疑是以君臣孚而世道泰而雍熙太和之治後世
言盛治者稱三代不衰也一嗣是而降去唐虞三代遠矣安焉
上之習而新語之獻陸賈徒肆乎空言尚經術之名而曲學

之誠公孫得容于阿世盡言無隱魏徵之正直似矣而大綱未正不能措其主于三代之隆論語半部趙普之治平似矣而國勢不振不能致其君于雍熙之美甚至假經術以經世務而上慕唐虞之言徒爲欺君罔上之策其相得之情雖或時一見焉而交儆之道則槩乎其未有聞也求其相得交儆以盡克艱之任君逸臣勞以成致治之美者不有見于

今日乎洪惟我

太祖高皇帝繼天立極應人其統正華夷之大分復萬古之綱常一時經制之謨真足以並唐虞而邁三代矣觀其書大學衍義于廡壁而謂學士宋濂曰朕之爲君上畏天地下畏兆民兢兢業業不敢自逸大哉

皇言其深明人君克艱之任者乎臣嘗伏讀

聖訓諸書而知
聖祖所以盡其克艱之道者至矣論道主乎執中稽至本乎堯舜
至于
祖訓之制尤所以示貽謀燕翼之道者自持守以至國政而大綱
具張自禮義以至供用而萬目備舉他若
聖政之記通訓之章大明日歷之編存心省躬之録其修身体道
立綱陳紀所以遺萬世
聖子神孫之太平者詳且悉矣
聖作物覩而一時名世之臣雲從景附以弼成大業先幾如劉基
孝行如宋濂徐達之沉毅端重常遇春之剛毅勇畧李文忠
之器量沉閎沐英之謀慮深遠至于陶安之議論無雙王禕
之學兼體用上下之間咸有一德信非漢唐宋之君所能及也

列聖相承重熈累洽而明良相遇之盛盍先後而有光矣哉
皇上以睿
天法
祖之心懋高明光大之學
敬一傳心仁孝持念祭祀必致其精
誠憂勤先謹乎天戒則天德之純有以裕内聖之體矣
勵精圖治誠心愛民戚畹不得恃恩近侍不得干紀躬籍田之
耕下賑恤之詔則王道之備有以達外王之用矣
陛下撫日中之治而勤克艱之思信足以副
上天簡畀之明命而民胞物與未嘗少忽者也
德意所及萬方之黎庶皆將樂樂利利思觀德化之成而况爲之
臣者尚忍負之乎是以中外臣工莫不滌志慮以承休德大

臣法小臣廉三孤弘化六卿分職至于分藩專城秉麾伏節

文武之臣日思效忠而宣力者皆曰將以翼

九重恭已之化矣然而

聖制有曰為臣者無克艱之思每懷欺于謗甚至勾沙漠以為肯

肉但逞劫主之邀不顧胞與之害此其至大者臣竊得而言

之臣聞之曰治世非無小人也難乎其為小人亂世非無君

子也難乎其為君子明于此者可以知其故矣昔唐虞之世

賢聖滿朝而有方命之鯀野無遺賢有虞之治至矣而比周

為黨復有一共工焉堯舜不以鯀為共工而盡乎在朝之輔

佐而後世之尚論者亦未嘗以此而病堯舜官人之明也

陛下以堯舜之心為心以堯舜之治為治而在廷之臣復以堯舜其

君為已責堯舜不能無共工伯鯀則小人之病國雖盛世[illegible]能必

其無哉故今天下之臣其在
朝廷輦轂豈無秉義竭忠之臣然而違上所好朋友作仇者未盡無也其在百工庶府豈無亮采惠疇之臣然而納賄招權誣上自恣者未盡無也其在內臺司諫豈無彰順匡過之臣然而附和面從黨同伐異者未盡無也其在軍門督府豈無鷹揚効死之臣然而剛愎自用貪殘少恩者未盡無也其在藩臬守令豈無旬宣和惠之臣然而違道干譽尸祿養望者未盡無也甚者剝民之膏脂以肥其家竊君之榮寵以張其勢掠人美以市恩恣己私以敗度者未盡無也人之度量雖智愚相越存乎御之何如耳陸贄曰漢高禀大度故其時多瑰傑不羈之才漢武好英風故其時富瓌詭立名之士漢宣精吏治故其時萃淳良核實之能言下之係乎所率也漢之

三君固非純乎王道之主然而御臣有其道則臣下之趨向

隨之而況

聖明之世陋三君於不屑者乎夫君猶盂也臣猶水也盂圓則水

隨以圓盂方則水隨以方惟在

陛下一轉移之間耳臣願

陛下崇寬大之體廣虛受之衷委任而相得益彰論道而交儆不

替忠邪當辨而大臣之細過勿詰可也事理當審而言官之

狂戇者勿遽震之威可也罔上當懲也而事無首尾泛相波

及者勿槩坐可也陽是陰非臆度附會者可誅也而所見不

同本無意絶者勿坐其生可也託忠賢以爲腹心開言路以

廣耳目君有匪懈之誠臣懷媚上之忠而從後言　如舜之所

以戒禹也無怠無荒如益之所以　舜也鹽梅舟　如高宗

之所以望傅說也敬勝怠勝如太公之所以告武王也君臣之間手足腹心相待一体則感恩而圖報者咸欲自靖而自献也況臣子亦素有忠君愛國之心乘時而思奮者孚由是懷才以效用者志存乎立功負德以匡時者事專乎報主廊廟之臣誠篤輔弼諸司之臣誠竭贊襄臺諫之臣誠盡忠言藩臬之臣誠修其職郡邑之臣誠效綏牧封疆之臣誠固捍禦修於家者用于

天子之廷宣諸言者措諸行之實所以翊

陛下垂拱之化者在於此矣是猶四時五氣各司其職而君人者如天運於上不勞而化成者也君逸臣勞之義固當求盡其責然為臣克艱之道實有未易盡者臣請得而終言之蓋昔先王之世以天保以上治内采薇以下治外是以綱紀畢張

而上下並福也然治內者文臣之責治外者武臣之任今內外之政雖亦同於往古而內郡黎民之困外地兵政之弊則亦有可言者矣以民之困言之倉籍無卒歲之儲田里無口分之業南則病於稅產之虐北則病於邊防之擾至於災異之地循失撫字之方封洫溝渠鞠為草莽仰食待哺之民輾轉而不能自給是以流離載道襁扱為生則民之窮亦已極矣

陛下持由胞及與之仁而為臣不能致

國家於民康物阜之化甚非所以仰承克艱之意也更化善治者尚當求先王治內之政乎必也重守令之選節浮冗之費

持撫字之恩夫

國家所以敷德意而拯救民者惟守令耳守令得人則承流宣

化可以恤民情之隱浮冗既節則食寡用舒可以裕財賦之源撫字以時則惠溥情懸可以固一體之愛如是而民生日厚民行日興煖衣飽食之衆皆有勇知方之徒也以兵之弊言之勾稽有册矣而行伍則虛簡閱有規矣而老弱如故校練有期而朽甲鈍兵無以當折衝之需侵兵有禁而私役專利不足以一效死之心是以內地空虛邊庭弛備壯虜縱橫而縮頸股粟盜賊竊發掩耳而不願聽則兵之弊亦云甚矣

陛下思患預防軫念於四夷之守而為臣者不能為萬全之謀國家所以委任典兵之謀為臣所以業官盡職之道皆不如此也救弊以壯國者尚當求先王治化之政乎必也重將帥之選慎教習之法嚴冒濫之刑夫將帥之任

天子所以托重恃力而振

國家威嚴之勢者也將帥得人則干城腹心可以膺安攘之寄教習時慎則步伐整齊可以備折衝之謀冒濫有刑則驍勇充實可以袪疲弱之病由是律嚴明威日振干戈甲冑之士皆藩城衛國之民也治内治外兼舉不偏則文武之臣所以盡其克艱之任者力行而身体之矣

陛下擴天下之德而留心於民群臣承付託之重而效忠於

君君臣之間各盡其道則恵澤日宣教化洋溢舉斯世之民而躋之仁壽之域無有難為者尚何

九重垂拱平成之化不可致哉雖然帝王願治之心無窮臣子愛君之心無已國家御臣之道排時之政前已備矣至於根極要領之論臣復竊有說焉臣聞之孔子曰為政在人取人以身董仲舒曰人君正心以正朝廷正朝廷以正百官正百官

以正萬民皆言人君一心用人之本也
陛下紹心學之傳發道統之秘
九重端默而養乎虛明湛一之體則
聖心之純固足爲照臨百官之本矣然慎終如始尤
聖心之所宜留念者臣願
陛下於宮闈深邃之中心氣清明之際靜虛動直以植乎此心之
本察識擴充以達乎此心之幾使天理常明私欲淨盡則心
無不正身無不修而取人之本正矣由是而藻鑑清明群邪
不能爲之惑權度精切衆說不能爲之淆取舍不累於愛憎
賞罰不徇於喜怒猶鑑之照物妍媸在彼隨物而自應者也
百官之正萬民之正一惟預養此心之所運耳四海之內又
孰不聞盛德而來臣哉臣也尋章摘句非有正大不易之論

然而狂瞽之見始以御臣之道爲
陛下告終以取人之本爲
陛下勉惟以明諸其心上不負
陛下下不負所學而已惟
陛下怜憫愚誠而留神嘉納臣不勝戰兢隕越之至臣謹對

庚戌科嘉靖二十九年

皇帝制曰朕恭承
天命君主兆民二十有九年於兹矣顧論治者往往以敬
天勤民爲務古先帝王之所以興道致治與我
祖宗之所以立極垂憲外不外此二者其爲治之迹可舉而言之
歟朕寅奉
上玄欽若
天道而凡以惠䘏計安乎斯民者未嘗須臾少懈其念比歲以來
嘉祥屢臻方内乂寧
天人交應之固不可誣也然水旱饑荒菑狄不靖民生未遂治化
未孚豈朕誠之必有未盡者亦或任事之臣親民之吏果能
都體朕勤恤之心也歟無乃玩愒貪殘弗念於民者欤朕欲

俾休徵時若邊徼不聞百工允釐庶績咸熙不令一夫失其所朕志也當何道而可以臻此爾多士蘊蓄有日豈無我助者宜明著于篇毋泛毋隱朕將覽焉

臣唐汝楫一

臣對臣聞帝王之致治也有敬畏之誠而後可以弘天下之大化有當務之智而後可以執天下之大機何謂敬畏之誠上體天心下卹民隱精純而懇至者是也何謂當務之智辨人才之賢得任馭之宜翕受而敷施者是也惟誠也故興道致治之具皆根于交修儆戒之真而其治也爲有本惟智也故承流宣化之澤自得乎挽簡馭煩之方而其運也爲不勞治有本則王道敷于天下而天下之大化以弘運不勞則端拱委于責成而天下之大機以執是故古之帝王竭一己之

誠而敬天勅民以克盡其代天理物之責惟一己之明而舉
賢任能以俾臻其咸熙底績之功愛民以奉天知人以安民
權廖精切而恩惠廣大機之所以妙運而不測也庶明勵翼
而帝力不知化之所以溥溥而無疆也由是垂衣裳而萬國
寧戢兵革而四夷服太和薰蒸　青不作致治之盛孰有加
于此哉欽惟
皇帝陛下亶神聖之資邃敬一之學中和建極仁孝作孚
至德凝于淵默而靈既昭祥
神功徹于
昊穹而休徵協慶肆今至治馨香昭格于上下大化流衍徧淪乎
華夷盍千古所未有也乃猶不自滿假進臣等于
廷策以敬

天勤民之道惠卹討安之畧然臣即是有以仰窺
陛下望道未見求道若渴之盛矣顧臣愚學慚稽古志切攄忠敢
不披瀝罄竭以對揚
休命乎萬一乎臣惟古聖王之致治也莫不以敬天勤民爲首
務蓋以帝者天之子也天子者爲天牧地而以養人爲責者
也以子事父可不敬乎代天養人可不勤乎然知所以敬天
則必求所以勤民能勤民之政有驗於實用斯敬天之心不
徒爲虛文矣此又天人道一而不二之理也嘗觀之詩曰敬
天之怒無敢戲豫敬天之渝無敢馳驅何如其爲敬也書曰
懷保小民惠鮮鰥寡自朝至于日中昃不遑暇食何如其爲
勤也故堯之兢兢舜之業業禹之孜孜湯之慄慄文王之亦
保亦臨武王之義勝欲勝其實皆瑩徹于表裡而嚴恭無間

于顯微是以敷之爲利民之政則所謂勞來匡直利用厚生然

福建極康阜惠養者無不至矣故當時治化之隆冠絕古今

而卓乎不可尚矣恭惟我

太祖高皇帝肇造區宇

成祖文皇帝纘嗣丕圖其駿烈鴻猷固不容以殫述而其立極垂

憲之大者實不外乎敬天勤民而已矣如精誠之錄

大祀之文皆所以崇

祀典而敬

天也因旱免租告饑賑粟皆所以恤民隱而勤民也垂億萬年貽

燕之謀以啓佑後人者猗歟盛哉

列聖相承授受一道至我

陛下妙契真傳敬承

先緒益有以　揚而先大之

郊壇分祀辨正陰陽之位

欽天有記煥發昭事之忱其敬天也可謂至矣

躬祈禱以重農事蠲雜租以濟民艱發內帑以蘇困窮減貢獻

以節冗費其勤民也可謂悉矣

臨御以來二十有九年于茲敬慎夙夜不遑寧處盖始終如一

日也方今文恬武熙內寧外謐天下樂育于大和雍熙之域

而涵濡于汪濊浸潤之澤者亦既久矣然民歌有年之頌而

水旱饑饉或時見焉人樂承平之休而烟塵鋒鏑或竊發焉

魃燎頻仍閭閻愁苦胡騎猖獗邊陲繹騷夫天人之應不誣

而安攘之功有自今若此者豈惟

陛下慮之臣亦且疑之矣臣請根據其說而條陳之夫王者承

于天而察法于地天確然示人易也必五行四時宣其能而後彰保合太和之化地隤然示人簡也必山岳河海連其功而後著含弘廣大之德然則人君之治天下亦至易至簡也而其致理圖化當必有共濟之義大公之制矣臣聞天生萬物不能以自理而命之聖人曰天佑下民作之君作之師惟其克相上帝寵綏四方聖人以一身裁天下之務不能以獨理而命之庶職曰惟王建國辨方正位體國經野設官分職以爲民極稽古稱盛治者不過于唐虞三代然欽明濬哲之德必牧岳熙載寅亮天工而後協和時雍之治成焉寬仁勤儉之德必百僚師師俊彥旁求而后文命覃敷兆民允殖之治成焉至于文武亦必六卿率屬以總之於內九卿分治以布之于外而後咸和永清之治成焉百姓用康在庶官之惟

叙黎民敷德由臣隣之克艱大抵然也且人君以一身成位乎中耳目一聞見也手足一運用也匪民之繁庶務之集非惟勢不克一而身已亦勞矣臣未見身處其勞而能致人於逸者也故人君于此亦惟執天下之大機而圖之譬之柁以運舟括以發矢功用神速無難致者固非屑屑而爲也而德澤之流普徧而無方矣亦非事事而察之也而神明之用無舉而不賅矣侖所謂廓然大公儼然至正泰然行其所無事而坐收百官衆職之成功者此爾臣伏讀

聖制曰水旱饑荒苗狄不靖民生未遂治化未孚豈朕誠之必有未盡者臣愚以爲懷山襄陵之水不失爲治世焦山烈石之旱不累于明王化足以成風動而不免于有苗之征德足以臻時乂而不免于鬼方之伐是水旱夷狄之患何代無之殊

不足爲有道之累也故昔之言者曰天心仁愛人君時出災
異以警動之又曰帝王不患有夷狄之侵而患無禦之之具
不貴有禦之之具而貴吾無以致夷之釁而已然則
今日仰荅仁愛之
天心曲盡備禦之至計是誠不可以不之講也臣又伏讀
聖制曰亦或行事之臣親民之吏果能都體朕勤恤之心也歟無
乃玩愒貪殘不念于民者歟大哉
皇言所謂明見萬里之外獨覩萬化之原者也臣請發
淵衷而極論之夫變不虛生致變有自夫變之來人心之怨也人
心之怨吏治之非也今
陛下憫念黎元心固切矣而所奉行于下者或不能精白以承
休則膏澤屯而不究矣外夷之侵内備之弛也内備之弛將

領之非也今

陛下惠養軍士政圖舊矣而所以分閫于外者類多苟且以塞責則威嚴弛而不振矣嘗聞四海之利病係于斯民之休戚斯民之休戚係于守令之賢否乃今催料賦歛以效職而無旬宣德和之政簿書期會以呈能而鮮亮采請其之惠甚者假上剝民爲國歛怨恣意貪饕肆行漁獵者尤可畏也夫守令之官最爲近民使天下皆名人焉則小民其有不困者幾希雖日歷

陛下焦勞之思而斯民流離轉徙阽于危亡

陛下得而見之乎兵不能禦敵由於將非其人將不能將兵由于用非其道乃今世胄紈袴之裔習雖以責其折衝禦侮之勇召募挽強之粗才初不聞乎堅瑕張弛之方甚者攫奪首功

扣除常給殘匱多端廢削缺額者尤可畏也夫三軍之命懸於一人使將領皆若人焉則邊任其有不困者幾希雖日切
陛下宵旰之憂而軍士扼腕疾視之控訴
陛下得而見之乎然則足國安民之道弭災禦寇之方豈必他求哉蓋明百官修輔則夏后之山川以寧方叔壯猷則宣王之武功以競今日民生之未遂守令之責耳邊圉之多儆將令之責耳
陛下知致弊之由曷思所以救之乎病化理之蠹曷思所以更之乎史有之曰今之郡守民之師帥也師帥不賢則主德不宣恩澤不流蓋言守令之任不可不重也任守令之道大約有三精其選嚴前謙久其任而已矣必先安靜惆愊之求監賢愚混淆之先黜殿最核實之條略累資積考之說所謂秩當

遷也不移其地祿當厚也不移其官可也能若馭之以八統帑之以六條叙之以三式法固亦有可行者也志有之曰將者國之輔也輔周則國强輔隙則國弱蓋言將領之任不可不重也任將領之道大約有三慎其簡重其責假其權而已矣必公取舍而不以愛憎加較勇畧而不以贖貨進功必錄而不以賤遺罪必誅而不以親貴無特細苛而長養其技若趨距之氣可也俯從寬假而開放其鷙擊虎搏之心可也他若先之以六術繼之以五權察之以八徵法固亦有可用者焉甄別黜陟之典行則賢者相而不賢者亦有所畏而不敢鼓舞振作之用神則能者勉而不能者亦知自奮以效用由是稱强項者有砥礪名節之董宣持風裁者有不畏貴戚之郅都後催科者有勞心撫字之陽城敦本實者有修明禮教

之術颯而守令得人矣守令得人則民遂安全飽煖之欲而無咨嗟愁苦之聲陰陽不至于繆盭氛氣不至于充塞人心訢合而天休滋至何有乎水旱饑荒之患哉設或有適然災沴時作而吏稱民安本業以固所謂有道之國天不能災地不能阨年穀不登而民無菜色者固自若矣由是司牧撫者抱良平之器膺統馭者負韓白之才分閫授鉞者必李牧魏尚其人焉據險阻要者必張仁愿王承嗣其人焉而將領得人矣將領得人則有摧堅制勝之具而無奔北敗衂之虞先聲以奪其志持勝以寢其謀闇望精神可以潛消驕悍何有乎憑凌侵軼之患哉設或桀驁未馴梟雄反覆而養銳蓄力禦備有素所謂來則懲而懲之去則備而守之寧我制人可常坐而役敵矣故曰聖人在上日月不薄食雷霆不震兩

豈不為災又曰中國有聖人海不揚波重三譯而來朝臣愚何幸而得躬逢其盛耶雖然臣舉其要猶有言者焉夫養士莫大乎學校而今之守令學校之所儲也必謹庠序之教崇師儒之職一道德以明禮義而不以割裂裝綴爲能尊經術以正習尚而不以規程課式爲藝如陽城之在國子胡瑗之在鄉學則菁莪樂育之教興而罝兎好仇之才出矣故居則爲端人正士出則爲循吏良臣而何慮乎守令之不賢選將莫大乎武舉而今之將領武舉之所拔也必以身觭騎射之技無舉文學之科深于兵法明經者隸其事而庸妄不之用視試其勇而有謀者待以不次之位而章句不之取不幸教者不得舉于鄉不有實學者不得舉于司馬則仁義忠信之道明奇正機權之略講矣故無事則爲帷幄贊畫之臣有事則爲

腹心干城之將而何慮乎將領之不賢雖然臣究其本猶有
可言者焉孔子曰爲政在人言安民之本于知人也取人以
身言知人之本乎自治也知人之哲盡則安民之惠行純心
之本端斯用賢之道得此古今不易之定論也况乎人君以
一人之聞見而欲盡天下之賢才力既不能日亦不給是故
議道自已以守至正恭已南面建其有極夫然後明目達聰
廣四方之視聽鑑空衡平定百官之妍媸孰有能遁其情者
乎于是乎人必稱官官必稱職大小臣工罔不砥礪篤忠修
明職守政治彰教化洽而海内晏然矣董子所謂正心以正
朝廷正朝廷以正百官正百官以正萬民此之謂也仰惟
陛下欲一持心無逸示訓敕操存涵養之功懋時敏日新之學所
以正其心者已無不盡矣則夫取人以身之則純心用賢之

本臣復何言哉抑臣聞之書曰慎厥終惟其始益言銳于始者未必繼于終而勝于暫者或不持于久故四時常運不息其機日月貞明不改其度王者法天以行健不斁其功純一而不已聖學之所以光明也夙夜而不息其命之所以宥密也今

陛下齋慄對越之心勿懈須臾惻怛慈惠之念無少瑕翳固矣然理欲危微之辨間不容髮操舍出入之防實則無時是故作之以憂勤矣而或乘一以因循出之以誠篤矣而或勝之以儀文防微杜漸之戒省察克治之功必有弗至竊恐虛靈之体必將窒而不達裁制之用亦有發而不當者矣臣願

陛下始終如一而不雜于二三自強不息而無有乎間斷防閑于莫見莫顯之際敬謹于不言不動之時端莊靜一凝其貞也

明通公溥植其本也慎密緝熙聰其用也長永貞固植其德
也根柢于一心而顯發于庶務卷之于退藏之密而遜之于
酬酢之神識由此立智由此出化由此弘機由此純以此善
天則懸惧不弛以此治民則幽咸不遺以此任賢則有覺知灼見
之明以此立政則妙裁成經綸之用行于朝廷而群工率職
矣布于邦國而百姓樂業矣洋溢于蠻貊而四夷來王矣克
鑒于穹壤而萬物藩育矣三光凝七政齊諸福畢集百嘉鬯
遂天德孚而王道終矣此端本澄源之道聖修功化之極實
臣愚所惓惓懸望于
今日者也
陛下不棄芻蕘留神省覽天下幸甚臣愚妄甚干冒
天威不勝戰慄隕越之至臣謹對

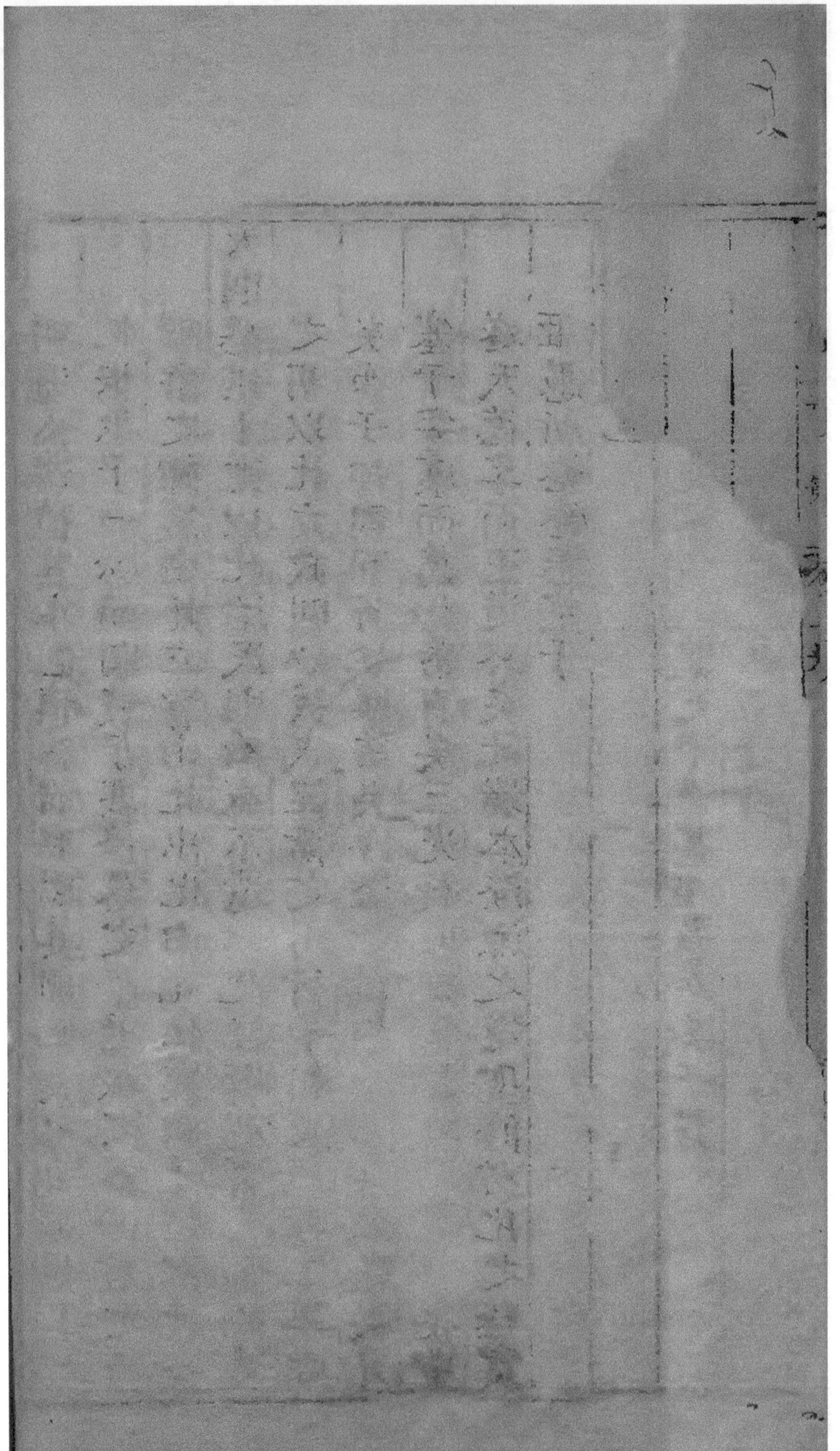

皇帝制曰朕惟人君受
天之命而主天下任君師治教之責惟聰明睿智足以有臨自古迄今百王相承繼天立極經世牧人功德爲大是故道統屬之有不得而辭焉者唐韓愈氏乃謂堯舜禹湯文武周公孔子之傳至孟軻而止孟子則以堯舜禹湯文武之爲君臯陶伊尹萊朱太公望散宜生之爲臣各有聞知見知之殊其詳略同異果何義歟其授受之微有可指歟宋儒謂周敦頤程顥兄弟朱熹四子爲得孔孟不傳之緒而直接夫自古帝王之道統果若是班歟其講求著述之功果可與行道者並歟抑門人尊尚師說遞相稱謂而忘其僭歟漢唐宋而下雖不能比隆虞夏三代之盛其間英君誼辟撫世宰物德澤加于

四海功烈著諸天地者不可槩少累盡不可以當大君道統
之傳歟洪惟我
太祖高皇帝體堯舜授受之要而允執厥中論人心虛靈之機而
操存弗二我
成祖文皇帝言帝王之治一本于道又言六經之道明則天地聖
人之心可見至治之功可成斯言也真有以上繼主王道統
之正下開萬世太平之基者我
列聖克篤前業所以開天常叙人紀者歷百八十餘年于茲纘紹
祖宗鴻業登踐寶祚推敬惟一叙彝倫敦典禮併
天命撫氏窮思弘化理以成參贊繼立之功者宵旰孳孳不遑寧
慶茲欽遠紹二帝三王大道之統近法我
祖宗

列聖心學之傳舍是又何所致力而可夫自堯舜禹文之後孔孟以來上下千數百年間道統之傳歸諸臣下又盡出于宋儒一時之論此朕所深疑也子大夫學先王之道審於名實之歸宜悉心以對毋隱毋泛朕將親覽焉

臣李春芳

臣對臣聞帝王之治本於道道立而後化以之弘帝王之道本於心心純而後道以之會心也者統夫道者也心有弗純則存諸中者無貞純精一之懿其於道也為小成道也者弘夫治者也道有弗擇則發諸外者無正大光明之業其於治也為小康小成不足以語天德小康不足以語王道斯豈帝王之所以繼天立極者哉故必本之心也凝乎天理而有以衍內聖之基而後敷之治也若乎天道而有以照外王之業

天德王道其極一也然其本則係之學焉而已矣學以純心
心以會道道以出治治以格天其在當時也則帝王之治法
以立其在萬世也則帝王之心法以傳斯其道統之所由肇
乎術之而唐虞三代是也得其似而理漢唐宋是也至于有
宋諸儒則亦講明斯學以翼乎聖道而已矣烏可以與帝王
僉歟洪惟我
太祖高皇帝
成祖文皇帝休天弘道因心出治以上繼皇王道統
陛下則又
神聖縱于天光明緝乎學而治之所由溥四達不悖重熙邃徹
融洽周遍二帝三王道統之傳遠紹而無間
二祖

列聖心學之邃近述而彌光粹乎無以尚矣乃循于萬幾之暇選

臣等于

廷俯賜

清問且曰宵旰孳孳不遑寧處臣有以仰窺

陛下望道未見之心矣草茅庇賤何所知識可以仰裨

聖學之萬一乎雖然涵濡

聖化蓋亦有年其于我

聖祖治道之盛及我

陛下心學之精亦嘗佩服涵泳有以少窺其涯涘矣敢不敬陳以

對揚

休命乎臣嘗聞之天地未判道在天地天地既判道在聖人是聖

人者道之宗也又嘗聞諸書曰惟天地萬物父母惟人萬物

之靈亶聰明作元后元后作民父母是元后者人之主也然則道在天下安得不屬之聖人又安得不屬之大君也哉是故三代而上位稱其德達而在上者莫匪聖神而道統之傳有自來矣請因

聖問而條陳之唐虞以往書契未立邈哉無以稽矣故韓愈並軻之所稱率自堯舜而始愈謂堯以是傳之舜舜以是傳之禹禹以是傳之湯湯以是傳之文武周公孔子是立功立言雖異以言乎道統則均也軻謂由堯舜至于湯五百有餘歲若禹皋陶則見而知之若湯則聞而知之由湯至于文王五百有餘歲若伊尹萊朱則見而知之若文王則聞而知之由文王至于孔子五百有餘歲若太公望散宜生則見而知之若孔子則聞而知之是見知聞知雖殊以言乎道統則一也然

觀孔子有志三代之英而自傷其未逮伊尹樂堯舜之道於畎畝而必以吾身親見爲幸則托之空言者豈若見之行事哉此二帝三王之道所以爲獨盛而道統之傳非帝王莫之能當也何也大所謂道者非徒以其蘊之心也以其本之心而宣之化也是故以之經天則陰陽宣節天道其清乎以之韓地則山川靜翕地道其寧乎以之總民物之紀則百姓太和萬類咸若民物其熙乎道猷章而道以流焉實政乂而實心昭焉体用一源者也微帝王其孰能與于此哉然求其要則心爲盡之矣究其功則學爲盡之矣何也非道無以弘天下之治非心無以會天下之道而學也者所以純心以体道凝道以出治者也大哉學乎斯固帝王之所不可忽者乎是故格于上下堯舜之道盛矣然求其所以爲學者則曰欽明

允恭其所以事其心者何如其至也重華協帝舜之道盛矣然求其所以爲學者則曰濬哲溫恭其所以事其心者何如其至也三代有道之長禹湯[illegible]武之道亦云盛矣然求其所以爲學者則曰勤儉曰執中[illegible]緝熙執競其所以事其心者何如其至也則夫治之所成黎民於變也四方風動也文命誕敷也萬邦惟懷也燕及皇天會朝清明也唐虞三代之化巍乎其不可及者謂不本于此哉德至此而後謂之天德道至此而後謂之王道若夫皐陶伊尹諸臣贊翊之功固不可泯而其宅中圖太以厥弘化理建中建極以丕昭道猷者豈諸臣所得而專之哉故易曰地道也妻道也臣道也地道無成而代有終也此之謂也三代而降享國長久者莫如漢唐宋其間英君誼辟撫世宰物德澤加于四海功烈著諸天地

者亦不可少誠有如

聖制所云者是故漢之除秦苛也深得弔民之理以至七制興嗣

風俗淳美矣唐之靖隋亂也汎於底定之功以至三宗迭出

海宇乂安矣宋振五季之衰也愛養民力出生靈于塗炭之

苦而好文守成之主又繩繩相繼焉不可謂其盡畔于道也

向使盡畔于道則不足以總一四海整齊萬民矣又安能歷

數百年而巍然民上以握神器乎後之尚論猶不能無憾焉

者以其學之未純焉耳學尚未純則蘊之心者不足以語帝

王精一之傳敷之治者不足以語雍熙太和之盛斯豈天德

王道之極哉夫惟道化衰于上而後講學倡于下此宋之四

子所由興也以周敦頤言之學以主靜爲宗以一爲要而究

其極於明通公溥不由師傳默契道体者也以程顥兄弟言

之涵養則曰用敬進學則曰致知而又欲以大公順應覺天地之常寬和嚴毅殊途同歸者也以朱熹言之以講學爲入門以踐履爲實地博極群書而會通於心集諸儒之大成者也此四子之學之大較也是其學固亦遠宗乎周孔而揆之以致則亦伊傅之儔耳夫即爲伊傅也掄不可與帝王並况無伊傅之業乎何也道在天下惟帝王爲能行故道統在天下惟帝王爲能傳而臣之賢者能者則效用仰承乎下者也輒欲接續帝王道統之傳不亦僭乎故四子者謂之有功于斯道可也以之直接帝王之道統不可也何也不觀之天乎方萬物之生也日以暄之雨以潤之風以鼓之雷以動之夫天穆然渾爾確然靜爾然頌生物之功者必舉而歸之乎天而日與風雷不得而有其功何也太和之充溢天實司之而

日與風雷效其動而已矣可與天道合乎知日與風雷不可與天道合則知臣不可與君道合矣知臣不可與君道合則知四子者不可與帝王合矣而後之推尊者若黄幹則叙堯舜禹湯文武周公孔孟而直以周子繼孔孟不傳之緒二程得統于周子先師朱子得統于二程而撮其要旨于存敬窮理致知克己四者而謂千聖萬賢所以傳道而教人者不越於此至于真德秀則曰孔孟之道至周子而復明周子之道至二程而益明二程之道至朱子而大明吴澄則曰周子紹有以接孟氏之傳于千載之下二程則師于周子而傳其學後又有朱子集周程之大成是皆得夫道統之傳者也夫德秀以爲道至周程朱子而大明則誠有之若黄幹吴澄遂以四子爲直接皇上道統之傳于千載之下遞相稱述其論蔓

衍波流至于今學者尊之而莫敢違信之而莫或疑抑孰知其失之過乎故四子講明著述之功不可謂其無裨于經而直以爲遠續道統之傳與帝王並論焉是誠門人推尊之過恐亦非四子之心也是故由唐虞而三代由三代而漢唐宋其帝王道統之傳端不可誣若秦之于漢六朝之于唐五代之于宋則皆帝王之驅耶烏足以與斯道哉至于胡元則又我

國朝之驅除若漢之秦唐之六朝宋之五代也道統之在天下不其淪胥以沒乎幸而

皇天厭亂我

太祖高皇帝挺生淮甸廓清海宇我

成祖文皇帝篤生於後丕紹鴻休其治化之隆眞有以遠追唐虞

三代之盛而超軼漢唐宋之上矣然其所以致治者則莫非本于道其所以體道者則莫非本於心其所以存心以體道體道以出治者則文孰非學以基之也哉

聖制所謂

太祖高皇帝體堯舜授受之要而允執厥中論人心虛靈之機而操存勿二我

成祖文皇帝言帝王之治一本於道又言六經之道明則天地之心可見至治之功可成帝王相傳之要端在是也然臣嘗求我

仁祖聖學之精則存心一錄與夫聖學心法尤其至要者欽存心錄凡歷代帝王祭祀有感於災祥者備載以垂訓而于敬天之怒無敢戲豫者尤致意焉聖學心法凡有關於君臣父子之道者評述以遺後而于敬天法祖用人理財者尤申重焉

則我

二祖之所以爲學者具見于二書而精純貞一心即二帝三王之

心太和咸熙治即二帝三王之治天德王道巍然與默又奚

惑哉此

列聖之所以克篤前業闡天常叙人紀歷百八十餘年而

皇圖鞏固者信皆有得於是也恭惟

陛下以聰明聖智之資懋精一執中之學心之所裕者與天地合

其德治之所成者與皇王匹其休肆今大流衍百姓太和

德洽于中夏威行於蠻貊至治馨香達于上下而休徵畢集

千古所未有也臣何莊躬逢其盛哉臣嘗竊窺

陛下之所以臻此者信本於學而學之精實典要則又莫過於

敬一之一箴而彝倫之叙與禮之敎所由出也臣請得而颺言

之其曰人有此心萬理咸備體而行之惟德是據金言道
於心也其曰匪一弗純匪雜弗聚畏天勤民弗遑寧處蓋言
學以體道也其曰敬忌純駁應念損殊徵諸天人如鼓答桴
金言治以徵學也其曰郊則恭誠庭嚴孝達肅于明廷慎於
閒居反躬以實踐也其曰天親民懷永延厥慶光前垂後綿
衍蕃盛考祥以視徵也詳其目則析之極其精而不亂究其
旨則合之盡其大而無餘斯其學即二帝三王之學心即二
帝三王之心而至治之成近有光于
二祖
列聖之傳遠以踵乎唐虞三代之盛夫固體信而達順合一而不
測者也存之爲天德而日新之盛德以裕達之爲王道而富
有之大業以昌帝王之道統謂不在茲乎臣欲以議其盛而

且未易以名言矣復何所稱述以爲
聖學之訓乎然臣聞之書曰愼厥終惟其始易曰日月得天而能久照四時變化而能久成聖人久于其道而天下化成於
陛下之自處也亦曰終如其始又曰日新不已故學必緝熙而後底於純治必永貞而後底于化
陛下之學亦既純矣天下之化亦既洽矣然
端拱穆清之上一日二日事有萬幾有一之弗得其宜非純也此勅天之命惟幾惟康堯舜所爲兢兢也四海九州之遠與黎與性輕重異宜有一之弗得其所非洽也此一夫不獲時予之辜堯舜所爲拳拳也學之純者不使其或閒化之洽者不使其或漓夫然後常敬常一而道久化成其在茲矣非我
陛下所當致力者乎其要則在求之心而已矣

太祖高皇帝嘗諭輔臣曰防閑此身使不妄動自謂已能若防閑此心使不妄動尚誰能也

成祖文皇帝嘗諭解縉曰心能靜慮事來則應事去如明鏡止水自然純是天理是

二聖之學誠不外于心而得之也臣頎

陛下毅以道自任上法乎

二祖反求諸一心養之於念慮未萌之先以存其寂然不動之體察之於幾務既興之際以妙其感而遂通之用俾其湛而虛也神而明也與太虛同其空洞焉日月同其照臨焉四時同其運行焉萬物同其沖和焉則一心既正萬化以行敬不期敬而自肅其常敬一不期一而自循其常一天德益以立王道益以溥矣帝王道統之傳不其益光也哉至於用人必當

而皋陶稷契之在列行政必允而禮樂刑政之畢敷則文此

心之妙用而我

陛下之餘事也何敢以瀆

聖聰哉

陛下倘能鑒臣之愚而于所謂敬一者真之于久而會通之于心則

道統之傳亘古今而獨盛矣斯文幸甚

宗社幸甚臣何任祈一隕越之至臣謹對

皇帝制曰朕惟文武一道並用而不可缺與偏者也傳曰張皇六師又曰其克詰爾戎兵此非好于用兵者耶朕

皇祖高皇帝以武功定天下即位之始信欲偃武修文以德化天下至于

列聖相承懋修文德海宇乂安國家無事朕以支末上承

天命入纘

寶位茲越二旬載矣夫何連歲以來北虜寇疆入我中國若蹈無人之境殘我天民前所未有本之以朕涼德基之立于君是以教化莫克行於外者也然朕又聞之曰帝王之政守在四夷今朕欲求長治久安之術無出于守之一端欲得其守之之道當何施用以盡其長且久焉爾多士抱經世之器亦

有日矣宜各著于篇朕将采而行之毋忌毋隱

臣秦鳴雷

臣對臣聞帝王保大業于無疆者有經國之規模有植國之根本規模之經也存乎法根本之植也存乎仁是故崇文誥武經制豫定使夫法之行于天下者整飭而不可紊夫是之謂規模修德行仁霑澤下究使夫仁之洽于人心者固結而不可解夫是之謂根本經制定則國威立德澤究則國脉固由是萬姓胥悅聲教四訖于海外大業之保盖卓乎不可拔矣自古帝王享國長久之道何能外是二者苟法矣而未仁則品式雖周而所以維繫之者無其本仁矣而無法則恩意雖篤而所以經綸之者無其具是謂治之偏而弗會其全始雖美而終流于弊將何以保基圖之固而綿国祚之

永也哉欽惟
皇帝陛下中和建極仁孝作孚
德化洽於民心而萬邦時憲
神武布於海宇而四夷來賓纘
列祖之鴻圖貽百世之燕翼太平有道之長端有在于
今日矣乃猶不自滿假特進臣等于
廷策以禦夷之道且欲求夫長治久安之術是豈徒以修攘數
事爲哉誠以草茅之下必有明習文武大猷可以裨補治體
者而臣非其人也然臣即是有以仰窺
陛下望道未見求治若渴之盛心矣敢不參之經傳酌之時宜俛
攄愚見以對揚
明詔於萬一乎臣嘗考之易曰鼓萬物而不與聖人同憂天道

也書曰天佑下民作之君作之師惟其克相上帝寵綏四方則知天雖以生物爲心而理物之責不能不望于君君之所膺天眷也非徒肆于民上實以君師之道存乎我而代之理也則凡斯民之安危利病世道之否泰盛衰凡所以克盡其道而負天下于文熙武謐之域者自有不容于不講矣今夫立天之道曰陰與陽立人之道曰仁與義而帝王也者又所以法天而爲治者也是故帝王以仁育天下非文無以昭休明之治故凡崇奬儒彥懷保黔黎與夫體國經野明物章軌以成經緯之德者皆文之爲也帝王以義正天下非武無以示撻伐之威故凡選擇將帥振勵卒徒與夫誅暴禁亂飭法嚴備以成安定之功者皆武之爲也文以敷德則海宇奠而內順治武以示威則疆圉靜而外威嚴此誠有國家者不容

以偏廢者也使有武而無文以濟之則義勝而流于刑兵何以敦渾厚之治禮有文而無武以濟之則仁勝而流於懦又何以立精明之治功也哉乃若召公之告康王曰張皇六師周公之告成王曰其克詰爾戎兵此其爲之者有所偏者而不知亂者保其治者也危者保其安者也是揚武者乃所以覲文務非好于用兵也一或講之無素備之弗豫則所以爲防者必疎而其爲累也亦必不小是誠不容以或後者也臣聞中國之有夷狄猶陽之有陰晝之有夜君子之有小人不能以必去焉者也是故先王建國列之侯封采服之外所以峻其防焉號令不及其人正朔不加其國所以別其類焉刑以懲叛禮以懷來所以服其心焉柰之何狼子野心非我族類重以消長之勢無常強弱之機莫測值其弱則稽顙而稱

臣嘗其強則犯順而干紀盍自古則然矣故有化足以成風動而不免於有苗之征德足以臻時乂而不免于鬼方之伐治足以致中興而不免於獫狁之孔熾是又奚足爲盛世之累哉故曰帝王不患有戎狄之強而患吾無禦之之具不貴有禦戎之具而貴吾無以致戎之窺而已矣强本以治內嚴兵以固圉來則必致去則不追務使各安其所而不敢干吾治者茲非計之良乎三代以降此道則寖微矣嬴秦命將出師築塞以禦强胡糜費巨萬戎患未殄而國勢已不可救矣是故虐內以事外漢武以雄才大畧之資爲窮追遠討之舉登南臺于塞北絕王庭于幕南戎氛雖息而民生已不勝困矣是謂計末而忘本斯皆策之最下者也他如唐稱臣于突厥既病貽謀之不臧宋追厚于遼金復患修攘之無坐失是文

幾于無策矣安得而不淪胥以致滋極乎卒而

天啓

皇明我

聖祖高皇帝以天縱之聖奮起淮甸迅掃腥膻驅之北歸絕其命

寔建自古所未有之事功復帝王所自立之中國

神謨勇略固嘗以武功定天下矣至于

即位之始干戈甫息乃欲偃武修文以德化天下者其故何哉

夫亦以天下初定扶傷持危舉天下休息道莫先於此非故

果於忘戰耳也觀其思患預防

垂訓諄切所以奠不拔之基以貽則後昆者何深遠也肆我

成祖六飛三駕再昭撻伐之威爰及

列聖養威峻防不忘制馭之策其所以綢

國祚之永而悠遠
成憲者又何明備也仰惟
皇上蘊神明之德際
中興之期武以止戈為威兵以全國為上疆埸之患撲之於方
萌隱微之禍消之于未著南夷縶頸北虜貢琛唐虞三代之
盛何以加此
聖祖
神孫後先相望
盛德大業篤祐無疆
國家長治久安之術尚何以他求為哉雖然帝王望治之心無
窮人臣愛君之心無已故古稱大舜之知必曰好問好察彼
賈誼當文帝之世猶有取于厝火積薪之喻焉則臣雖[illegible]愚

所以仰稱
德意而自靖厥忠者可終默焉而已乎臣請得而籌之夫王者
以京師爲室以諸夏爲庭戶以四夷爲藩籬其内外遠近之
分先後緩急之序盖不待較而知也粤自先王寓兵于農之
意既壞而後世制禦之道不容不分要之厚民所以足兵恤
兵所以衛民實相資而非相病也然則端本自治之道夫亦
于二者而加之意乎以今日之民言之安其田里施之教化
殿最書于臺臣而守牧有考利病關于藩臬而興革以時以
至水旱凶灾之必聞賑貸蠲免之屢下是
陛下所以厚民者無不盡也以今日之兵言之歲給之衣月給之
粮額籍總于司馬而逃亡可稽節鉞授于制師而上下有統
以至團練教習之有方賞罰鼓舞之無倦是

陛下所以恤兵者無遺策也夫民安而本益以固兵精而氣益以振是宜勢益以昌威益以遠文熙而武益以謐也然而北虜之窺伺猶昨邊境之烽火繹聞頃者入我中國若蹈吾人之境誠有如

聖諭所及者此其故何也臣愚以爲

聖心之憂民至矣而所以宣力于下者或非其良

聖政之養兵善矣而所以分閫于外者或非其寄是故以承奉敏捷爲能而不勞心於厚下以期會簿書爲急而不加意于推恩甚者銳意催科虐張斂散之能厚自封殖罔行漁獵之計夫守令之職最爲近民使天下果若人焉又安能保斯民之皆得其所乎以紈袴而濫韜鈐之寄方畧有所未聞虐士卒以張威福之權撫綏有所未備甚者功啚速化馳捷報之虛

聲。志切自肥。仍債帥之故轍。夫三軍之命懸於一人，使將帥而咸若是焉，又安能保邊兵之皆樂於用乎？夫民心不固而示敵以守，是授之以可乘之隙，守之未見其固也；士氣未張而應敵以戰，是先之以可敗之道，戰之未見其利也。然而長治久安之術，抑何以他求焉哉？亦惟重守令之任而選之也必精，使郡縣之布列皆龔黃卓魯其人焉，于是嚴黜陟之典，申久任之規，勞心撫字必增秩以示榮，奉職無聞必奪爵以示辱，塞奔競僥倖之門，斥闒茸貪墨之吏，如是則民安而無復失所之嘆矣。重將帥之任而簡之也必慎，使閫外之分授皆頗牧韓范其人焉，于是專委任之托，昭勸懲之典，有功必賞之以歲月之餘，有罪必誅畧之以文法之細，無以一人之譽而尚其賢，無以盈篋之謗而撓其志，如是則兵精而咸起報效之恩矣由是而昭武勇以示威修戰備以利用謹關隘以辨奸遠間諜以防詐嚴吾之守以俟敵之戰將見投之無釁覘之無隙虜知吾之有守矣以靜制動以逸待勞虜吾之不戰矣茲固帝王萬全之策古今不易之道也尚無夷患之足憂耶否則玩寇輕敵其禍大邀功生事其計危皆非臣之所敢知也雖然禦夷之道固在于治內而治內之要莫切于治心故心存于正則事無不正而天下蒙其福心蔽于邪則事無不邪而天下與其憂

陛下紹心學之傳發道統之秘

敬一有箴四箴有註所以預養此心者固已能自得師矣臣恒慮操持之甚難察識之不易耳夫人主深居九重攻之者衆倘于防微杜漸之戒省察克治之功一未至焉臣恐虛明湛

一之体有不能復如其初矣臣願

陛下戒之慎之明通公溥以祖其本静虚動直以培其基戒謹乎不覩不聞之時察識于内外賓主之辨親賢遠佞俾一暴弗替于十寒慎終如始使九係罔戲于一簧淫哇之聲竒巧之色則曰吾心之賊也便嬖之言側媚之態則曰吾心之蠹也土木遊田之娱宫室侈靡之奉則曰吾心之所喪失而不自覺者也兢兢如堯業業如舜慄慄如湯亦保亦臨如文不泄不忘如武則心存而德可修德修而道可立道立而政可舉由是顯設于

朝廷而庶事康矣

頒布於四海而萬民樂矣洋溢于蠻貊而四夷慕矣天地位萬物育諸福之物可致之祥莫不畢至而王道終矣此非臣之

臆說也伯益之戒舜曰無怠無荒四夷來王漢儒董仲舒曰
正心以正朝廷正朝廷以正百官而宋儒朱熹亦謂其本不
在威強而在德業其任不在邊境而在朝廷其具不在兵食
而在紀綱此端本之道古今一致而實臣愚之所懇望于
今日者也惟
陛下不棄蒭蕘
留神省覽見之施行則
宗社幸甚天下幸甚臣干冒
天威戰慄無地不勝惓惓仰望之至臣謹對

辛丑科嘉靖二十年

皇帝制曰朕惟六經之道同歸而禮樂之用爲急自昔唐虞三代之治莫不由斯夫六經所陳固治天下之大經大法也而本之則在禮樂然則政刑末務果不足以爲治歟抑各適其用而不能相通歟議者謂三代而上治出於一而禮樂達于天下後世則否然歟否歟朕纘承

皇祖大統

列聖鴻緒踐阼以來不遑他務首以人倫典禮是究是圖盡勤宵旰者十餘年於玆而

郊社禘嘗之義始克協于成其在邦國鄉黨之制不暇悉指乃若

天子之事固不越此不知今日國家之禮亦有合于三代而

上者歟我

太祖高皇帝開天肇紀之初即以禮樂爲急蓋嘗徵賢分局以講究切劘今載諸大明集禮者可考也不知當時諸臣折衷損益果足以會其成而克副我

皇祖制作之意否歟抑猶有待于後歟夫復古禮樂以建中和之極朕之志也何二十年間教化未盡孚風俗未盡美灾害未盡殄生民未盡遂其故何歟孔子曰言而履之禮也行而樂之樂也力此三者南面而立是以天下太平然則斯言也將不足徵耶茲欲使禮樂刑政四達而不悖比隆于先王之盛將何修而可爾諸士學道有聞久矣宜詳著于篇朕親覽焉

欽哉

臣沈坤

臣對臣聞帝王之經世也有立治之大本有善治之大法本

者何天德在我所以制作之根抵也法者何王道所以經綸之顯設也本之不立則法不能以自行法之不善則本亦有所未盡推究而言之本立而法行者有矣未有無本而善法者也體具而用周者有矣未有偏體而無用者也本立法善体用備矣亦未有治功之不成者也知夫此則禮樂之務中和之極與夫古今之制作治道之汙隆皆可得而言之矣自昔帝王立一經世皆本之躬行心得之餘措之彌綸參贊之業是故修于身齊于家用之于鄉黨邦國以大同于天下盖不獨當時蒙其至治而施諸後世猶足以俟聖人考之而不謬其不然者則圖治無本取給于儀文器數之末本與法判然二道此治之所以不古若也然豈惟無本且併其法而失之尚何足以與制作之列乎恭惟

皇帝陛下合天地陰陽之德總明聖述作之能建中和位育之功撫盈成熙洽之運制禮作樂盡善盡美信乎遠追古帝王之道而無愧近守我

祖宗之法而加隆者也猶且進臣等于

廷詢以禮樂之務欲何修以比于先王之盛此誠

陛下望道未見之心也臣草茅迂賤何足以識此雖然言及之而不言則謂之隱況黎獻帝臣方齒于萬邦之衆而愚者千慮或冀於一得之末哉臣敢不掇拾所聞以對嘗惟六經之道同歸而禮樂之用爲急故天高地下萬物散殊而禮制行矣流而不息合同而化而樂行焉先王觀履之象以制禮是故有取于天澤之分而截然不易者其體也觀豫之象以作樂是故有取于順動之義而歡欣無間者其情也蓋天地示人

以和序聖人因造化以成能且聖人之所以自淑其身心者要亦不出于禮樂之外粤稽古唐虞三代若堯舜禹湯文武武之爲君既皆以精一執中之傳建極于上而一時輔理承化之臣又皆或夔伊傅周名之流典司于下其在當時自民生日用之常以極于際天蟠地之盛舍治外無道道外無治雖未嘗明言禮樂于天下而其治化之隆已四達而不悖矣宋儒歐陽修所謂三代而上治出於一而禮樂達于天下者也斯時也以禮樂爲治即所以爲政而刑則視爲輔治之法雖以是爲末務要非各適其用而不能相通者矣至於後世享國之久者莫如漢唐宋竟考其時雖議禮作樂後先相聞而要其制度之所就則如綿蕞之習房中之歌貞觀之儀七德之舞與夫通禮之名雅樂之定紛紛制作未能悉衆大率

漢高祖唐太宗宋藝祖以下諸君既非有純王之德主之于上而一時任事之臣又非皆庶幾禮樂之賢以承之于下則其治功之所及要亦止于漢唐宋而已耳歐陽修所謂三代而下治出于二而禮樂爲虛文者也斯時也政與治既爲二道則禮樂不過爲觀美之具而政刑亦從事於苟且之間豈止于不相爲用而已哉天啓

國朝我

太祖高皇帝用夏變夷復綱常于淪斁之後除殘去暴拯生民于塗炭之中所謂以聖人之德在天子之位而又當興王之始三重既備則制作之任自不容逭故于洪武初年天下甫定雖日不暇給而必首以禮樂爲重徵賢分局講究切劘方開天肇紀之初其規模宏遠非復漢唐宋之草率矣蓋我

太祖以天縱聖神之資得治躬治心之道凡履中正而樂和平之

實備載于

聖政記諸書者可考而知也方是時明良契合天作之會或燮經濟殆不止于陶凱牛諒諸臣而已若今

大明集禮一書其吉則斷自

宸衷其成則出于曾魯徐一夔董彝梁寅諸臣之手其禮之目二十有六以至于冠服車輅儀仗鹵簿之制其禮之成有九以至于黃鍾太呂弦歌干羽之式禮樂明備凡以和神人而諧

上下者未必非我

太祖制作之意而在當時諸臣亦足以爲會其成矣然以

郊社之合祀並舉于一時

祖廟之烝嘗未分于特祫

大禘之禮未之蒐講
明堂之議莫有建明
列聖嗣守鴻業以來率而行之亦以舉之而莫敢廢廢之而莫敢
舉也然而創與守之時不同文與質之尚未異況三五之不
同沿襲而善繼善述惟聖者能之則
今日之禮樂所以因畧致祥隨時從道者豈能不有待於
皇上也哉盍我
皇上極建中和功收位育同符
太祖遠駕唐虞德與位之兼隆矣而又當世運百年之餘治功有
成之日嗣統更議之始倫理正名之初所謂聖人乘時之會
天下改觀易聽之時也臣在學校竊伏讀
明倫大典而已知

陛下致兹于綱常倫理之間矣夫大禮非聖莫之有作既作而致其
情則凡其心之所不安者皆不能以無易也嗣是而後每
大禮更定必
詔誥海内故
天地昔嘗合祀矣今南北郊之建
圜丘
方澤壇坎分方位之各得其所也亦嘗並舉于上辛矣今冬夏
二至根陰根陽順以遂其吉時日之必從其類也
國初首建
四親廟既而兩京
太廟之制乃同堂而異室矣
皇上特立

太廟奉享
太祖高皇帝以報開創之功創建
成祖廟百世不遷以崇
文皇帝守成之德自
仁宣以下三昭三穆各享
一廟親盡而遞遷此即王制天子七廟周加文武二世室之義
廟樂之章佾舞之數聲容之實節奏之美率多出乎
皇上之所裁定所謂天子建中和之極兼總條貫金聲而玉振之
信乎自隆古以至于今則我
國朝固常制作之盛由
祖宗創守以至于今則我
皇上又豈非集衆美之大成者哉然禮樂治道通一無二我

皇上既以禮樂爲治二十年間

宵旰圖維亦云至矣顧于治化之隆方之古昔或有不逮教化之未盡孚風俗之未盡美灾害之未盡殄生養之未盡遂誠有如

聖制所云者此其故端必有在也臣敢昧死爲

陛下言之孔子曰言而履之禮也行而樂之樂也夫所履所樂非止于見諸制作以爲經世之具而已言斯須不可以去身也禮有之曰致禮以治躬致樂以治心故斯須不莊不敬則慢易之心入之矣今

陛下自起居食息之微以至于刑賞舉措之大自深宫獨處之時以至于

大廷朝見之際果能一一盡出于中正而和平否乎此臣之愚

昧不識忌諱願
陛下寬其斧鉞之誅而自省焉使其盡中正而和平耶則治化之
未隆者不足待也使萬分之一有未合耶此開升降汚隆之
本矣況今內外大小臣工未能盡體
德意禮樂之教發端
朝廷而莫能宣布于天下故品節限制之不相踰越似亦可謂
序然驕亢者或[illegible]循者不謂其辱已雍容揖遜之
不相侵侮似亦可謂和然耕耨[illegible]而從傾奪不下于讐
敵凡若此者未必其盡去也夫以如是諸臣既不能以禮樂
之道自淑其身心又不能致禮樂之道以事乎
君上亦此教化風俗災害生養因者之所由致也
陛下誠能因臣之言赫然奮勵以正

朝廷以正百官以正萬民其出之也既有本而不窮其行之也又有漸而不紊則太平之效可以立致而孔子之言豈欺我哉臣又竊有説焉今天下以禮樂爲治要之雖不能盡合而亦不至于盡廢然作興感化之機實出于學校而禮樂二經殘缺已久昔人謂其數可陳也其義難知也夫有其數尚不能悉其義況數與義之俱失也先儒朱熹嘗欲以儀禮爲經禮記爲傳而樂經有取于蔡元定律吕新書與夫别求聲音以爲譜諜之説今幸際

皇上操制作之權而二三大臣豈無可與寄删述之任者乎誠能頒之學校懸之師儒取之科第需之歲月肄習既久必有能者出焉此亦禮樂之大務也乃若所以建極之本致治之機則惟在我

皇上持守此心内外合一久暫同歸中正和樂之日新而制度文
爲之寓有則天德備而王道行其輔理參化之功又
今日家相之能事耳草茅之見迂踈之談不切經濟然求言是之
道願
陛下乘納而優容之則愚臣幸甚臣干冒
天威無任戰慄隕越之至臣謹對

皇帝制曰朕聞立天之道曰陰與陽立地之道曰柔與剛立人之道曰仁與義三才之道一而已何又有夫義爲論乎於是未免賢者自相私反必如聖經而後可且今人尤大非賢者及人君纔一用義即謂嚴刻乃作言曰上任刑以爲治非三代之治也卻一不之反于已三代之人皆人也不待義臨而自持惟恐放後今之人衆三代之同歟將欲利之是貪慾之是縱國而罔思民而罔恤以至于上下禮度慼不之愼爲之君人者可不一教一治之是非當否抑果當乎朕祗承

天位惟民是保何官人者比比皆負國虐民之圖奚爲用哉爾多士師孔子之學必心孔子之心將此心之平正陳爲篇列以除弊革私之道衍爲仁育義斷之方以告我勿諱勿駢朕親

覽之、

臣茅瓚

臣對、臣聞帝王之御臨天下也、內必有敬天之心、而外必有憲天之政。夫天者理之原也、人君代天理物、故其所行必求端於天。天之道雖廣愽而難終窮、神妙而不可測、而其端不過有二、曰陰與陽而已矣。陽居大夏、以長育爲事、有剛道焉。王者繼天而爲之子、則用仁而凡爲慈愛、爲[illegible]、無非仁之統體矣。陰居秋冬、以肅殺爲事、有柔道焉。王者繼天而爲之子、則用義而凡爲果斷、爲裁制、無非義之散殊矣。故天道運而無所積、帝德運而無所私、以此存之于中、是謂敬天純王之心也。以此發之於事、是謂憲天純王之政也。合心與政、皆純乎天矣。是之謂格天之治、而堯舜禹湯文武由此其選也

奚獨三代之治爲然乎欽惟
皇帝陛下稟剛健中正之資備文武聖神之德自即位以來信賞
必罰威行如雷霆發奸擿伏明照如日月對時茂育容保如
天地蓋粹乎斯道之中而建維皇之極者也臣也竊伏草茅遥被
治化久矣乃者叨有司之薦得以與于
大廷之對而
清問及焉求惟聖經之言而有取于仁義並行之道既而有慨
於庶官之靡而欲以無夫治教之法且與臣等以除弊革私
之道爲仁育義斷之方而
戒之以勿諱勿欺也顧臣之愚陋何足以仰裨
休德之萬一乎雖然有所言而不實是之謂欺則上負
陛下矣有所言而不盡是之謂諱則下負所學矣上負

天子下負所學疇昔之所自許者謂何
朝廷之作食者謂何而可如此也臣敢披攊衷悃就
陛下之所問及者而條陳之
陛下試垂聽焉臣惟天下之道有經有權經也者一定而不可易
者也權也者或相無以適其宜或相濟以補其所不及者也
人君撫輿圖之廣臨兆民之衆天下之所恃以立命者也苟
一于義則威之太震民畏之而不敢親一于仁則恩之太褻
民狎之而不知敬是仁之與義猶天之有陰陽而不容以或
偏也臣故曰道之一定而不可易者也然德教以象天之生
育仁矣而義者未嘗不防之于中刑罰以象天之震撼義矣
而仁者未始不具乎其内是仁義之交相爲用猶陰陽之互
爲其根臣故曰道之相無以適其宜也然天下之勢有強弱

而人君之政有德與刑秉翟之後者利用威而秉旄之後者利用惠此其操縱斟酌之間猶之天道之雨以潤而日以晅雷以動而風以散既成萬物而人莫窺其神臣故曰道之相濟以補其不及者也是故仁義之爲道也一定而不可易者以立天下之經或相無以適其宜相濟以補其不及者以達天下之變稽之于聖經驗之於往古何莫不然彼其去義以爲論專任德而不用刑者何其失之偏乎臣伏讀

聖制之篇而有以辨人言之爲妄矣人之言曰人君纔一用義即謂之嚴刻任刑非三代之治臣愚以爲用義之與嚴刻任刑不同也既曰用義則不可謂之嚴刻任刑曰嚴刻任刑則不得謂之用義人君之于天下何庸心哉視其理之所宜而已矣苟于義所當用則雖殺人而不可謂之虐雖致人于死而

不得謂之刻也以義之爲道當如是也至謂用義非三代之治此非所謂知理者臣不暇遠引泛取即以三代之事論之禹之承舜也先罰後賞以示威湯之革夏也申威誓衆以張武而文武之繼殷也驅除元惡殲滅暴國以救民故夏有禹刑商有湯刑周有甫刑三代之得天下雖曰以仁而未嘗專倚于仁有義以濟其仁之所不及也後世事不師古遂以爲三代之治純用德而不用刑何失之遠歟是故不朝者賜之几杖受賄者媿之金錢言寬仁者莫如漢之文帝然姑息成風乾綱罔斷故不再傳而有指大如股脛大如腰之患刑以不殺爲威財以不蓄爲富言仁厚者亦莫如宋之仁宗矣然聲容盛而武備衰議論多而成功少故不再傳而有流言道路變今推恩之議夫二君則漢宋之良也一予仁而不義而

其流弊猶不免有如此者若是而謂三代之專于任德後世
之專于任刑可乎不可乎由是觀之三代之所以治隆俗美
者以其仁義之並用內有敬天之心而外有憲天之政也後
世之所以不古若者以其仁義之或偏而不能審時以度勢
其于天也或褻焉而不知敬或悖焉而不知法也我
太祖高皇帝承元人積弊之後救其所以創制立法者大率嚴
爲本及天下已定又戒
聖子孫不得復用國初之典是其仁義之並行剛柔之相濟其
所以參乎天人之際審乎消息之宜而爲萬世慮者深矣迨
國家承平日久重熙累洽民志日趨于玩愒事體日廢于因循
蓋自正德以來茲弊極矣肆
陛下入繼

大統始振起而一新之故自
臨御十有七年以來葦者故鬭者新蟄者奮困者蘇天下欣欣
咸觀太平于有象矣而
陛下猶有歉于官人者貪國害民治追蹤于三代之英而未之逮
者臣愚以爲雖堯舜在上不能無小人此在君人者馭之得
其道馭之之道臣前所謂仁義之並用者是也嘗聞之
法禁之不行自上犯之也而小民之所以敢爲非義者廢官
之貪濁者啟之也今天下之大其在於
朝廷輦轂豈無有秉鈞竭忠之臣然而遂上所好朋家作仇者
未盡無也其在于百工庶府豈無有虎采惠嚼之臣然而脅
權相滅誣上行私者未盡無也其在于都邑藩省豈無有旬
宣和惠之臣而違害遂下斲尸祿養望者未盡無也甚者削民

之膏腊以肥其家竊君之柴寵以張其勢掠衆之美以不[illegible]
恩恣己之私以敗其度者未盡無也
陛下尊禮大臣愈久益親体悉群臣有隆弗替其于股肱之良[illegible]
謨明弼諧者固嘗
撫之以恩而勸之以禮矣而于此不悛之徒明罰勅法懲一以
警其百是猶春陽之後而震之以雷雨之威天下方將感
陛下之仁而畏
陛下之法爰焉而不可行乎雖然處今之時勢而義之所當用者
非獨一馭臣為然也夷狄跳梁而横于西北則薄伐之師不
可以不整也庶民僭越而擬于王章則奢侈之禁不可以不
嚴也軍旅疲弊而闕于勇敢則簡閲之令不可以不緩也凡
若此者要以精明之治而默失渾厚之体以立君道之紀綱

以躋

中興之盛業莫有先于此者矣抑臣又聞之仁育而義正者王者之政也所以主是政者心也故必有純王之心斯有純王之政而憲天之政謂非有敬天之心不可也臣嘗推誦

陛下敬一之箴而有以知

陛下之心直可以質諸

天地而無愧也有德不敦是違天之所喜矣敢不欽欽有悳崇懋是逾天之所怒矣敢不敬歟以此常存于心兢兢業業罔敢失墜夫然後以達于政也仁足以育天下而天下莫不歸于仁義足以正天下而天下莫不服于義蓋天之政由是而會其全格天之功至是以要其極矣雖然敬亦未易言也隱微之間真妄錯雜毫釐之差千里之謬苟辨察之功不懋于幾微

持守之力不繼于厥服則人得以勝天欲得以奪理天意知
其爲仁而在所當用也哉故曰勿參以三勿二以二先行其
言終如以始靜虚無欲日新不已
陛下之言固可謂能自得師者矣除弊革私之道仁有義斷之方
豈外此而他求乎哉臣始以仁義並行之道爲
陛下告終以主敬協一之功爲
陛下勉初非有驚世可喜之論然直意
陛下以言求士而臣之所以獻言于
陛下者惟以明諸其心上不敢負
明問下不敢負所學而已惟
陛下矜其愚不録其罪而
留神採納焉臣不勝惓惓隕越之至臣謹對

乙未科嘉靖十四年

皇帝制曰朕思肯自三代以來迄于宋終中間雖歷世有久近而其君之歷年亦有長短要之皆自其爲君者何如耳但傳至惟周之歷世最多國祚恒久然周之所以享祚久本于文武之所積累亦後之繼承者能保持之耳上至夏商垂及唐宋亦若是焉皆基之于先王德澤洽于民心亦繼之以嗣王能盡持盈慎滿之道者也洪惟朕

皇祖高皇帝代

天復世重肇中華建振古無比之功德朕

太宗繼述于草創之初

列聖遵承于大定之後百有六十餘載傳之于今朕以宗支方在冲昧之年入承

祖位幼弱不才多貽灾害于民茲來思
祖宗創造萬艱惕然悚懼朕欲長保洪業于無窮有隆弗替求
宗社萬禩之固保家國千世之傳民得以遂生物得以適所如上
之良法要道朕心慕之思之不知何以得此故進爾多士于
廷爾等蘊持既久王政素閑于懷可罄所知以告朕朕將擇
而勉之欽哉

臣韓應龍

臣對臣聞人君所以致天下之治者法天而已矣所以保天
下之治者法祖而已矣善法天者善致治者也善法祖者善
保治者也不法乎天則致治者無其具不法乎祖則保治者
無其具如是而欲望天下之治善其始以成開創之功善其
終以隆繼承之譽祇見其難矣且古今言致天下之治與其

所以保天下之治者莫善于三代三代之治夫豈無因而致

哉盖其始也思垂統之難而法天以立其極終也思創業之

難而法祖以守其成法天以立其極是故其始之也致天下

之治而不見其化之塞法祖以守其成是故其終之也保天

下之治而不見其法之弊自是而下駁乎無以議爲矣欽惟

皇帝陛下策士于

廷而以三代以後歷世久近之故爲

問且及于創業守成之道誠

圖治之盛心也臣也竊伏草茅思見

德化之成久矣敢無言以對臣伏讀

聖制有曰朕思肯自三代以來迄于宋終市間雖歷世有久近而

其君之歷年亦有長短聚之皆自其爲君者何如大哉

皇言其誠有見于治天下保天下之極者矣臣則以爲三代之所
以長久與其治之所以隆盛者善法天而已矣善法祖而已
矣後世之所以祚短與其治之所以不振者不善法天而已
矣不善法祖而已矣法天法祖雖

皇言之所未及而實
聖心之所獨見者也臣請舉其大略而言之夏后之有天下也而
貽子孫者以典則商之有天下也而纂修者以人紀周之有
天下也而丕顯之謨丕承之烈咸正無缺矣夫典則也人紀
也謨烈也何者而非致治之法則亦何者而非法天之道其
後世之君如啓之欲承繼禹之道也如太甲之處仁遷義高
宗之恭默思道也如成王之所其無逸宣王之側身修行也
夫其繼禹之道也其處仁遷義恭默思道也其所其無逸側

身修行也何者而非保治之去則亦何者而非法祖之行夫
其創業之主與其繼世之君所以致治之盛保治之隆其道
有如此者歷世之所以永久此其基也自是而降言國祚之
久長者莫盛于漢然不事詩書而安馬上之習挾詐御臣而
啓雜霸之治其如天之道何創業如是則守成之所以不善
其終如元成如桓靈者無惑也亦莫盛于唐然脅父臣虜而
大義之不明推刃同氣而天親之有乖其如天之道何創業
如是則其守成之所以不善其終如天寶如建中者無惑也
亦莫盛于宋然受禪非正而繼立之不明崇事姑息而武功
之不競其如天之道何創業如是則其守成之所以不善其
終如紹聖如靖康者無惑也夫開創于前者不知所以法其
天則守成于後者亦將何以法其祖是以歷世雖久而治不

古治也

聖問及此得非有慨于漢唐宋之治之弊而欲復三代之舊矣乎

然三代之治純矣而

聖意尤重有感于成周之盛顧以傳之所稱歷世最多傳作恒久

而推本于文武之所積累者爲言上以例夏商之治所以久

而下以例漢唐宋之治之所以弊臣又于是而仰探

聖心之所蘊尤有慕于成周之治矣夫周之有天下也自后稷以

來其君子則焦勞于外以躬稼穡之業其后妃則焦勞于内

以躬織紝之勤爲絺爲綌服之無斁葛覃之所以詠也三之

日于耜四之日舉趾豳風之所以歌也周之有天下其撫民

之心勤民之事類如此則德澤之洽于民者誠深而嗣王持

盈慎滿之道亦不容外焉故以爲法者也夫其始之創業也

以天爲心而以民爲心故其終之守成也以祖爲心而以天
爲心
聖問若此其亦心是心矣乎臣以爲徒善不足以爲政徒法不能
以自行
陛下心其心矣而欲有以法其法不必遠有所慕法乎
祖而已矣蓋我
太祖高皇帝之興也代
天復世重造中華舉天下被髮腥羶之民而歸之衣冠禮樂之域
是誠振古所無之功德也
太宗繼述于草創之初
列聖遵承于大定之後重熙累洽百有六十餘載振古所無之治
化也今我

皇上以精明純粹之資

剛健中正之德因天下之心以理天下之政治化之盛比隆唐

虞三代而上之矣而猶不以至治之盛自滿臣伏讀

聖制曰朕以宗支方在冲昧之年入承

祖位幼弱不才多招灾害于民夫災害之相乘堯湯所不免臣不

敢謂無是也然以灾害之招而謂不才所致自咎者謙匕之

志耳董仲舒曰天心仁愛人君則出災異以警動之惟

陛下益修厥德以格天以安民可也若曰灾害之招 然之數則

公孫弘之諛非臣之所以事

陛下也

聖制又曰繇來思

祖宗創業萬艱惕然悚懼欲長保

洪業于無窮且欲使民咸有以遂其生物咸得以適其所而後

良法美意可以行之當時垂之後世者顧臣何人而當

大問然臣竊聞之臣賢于君則輔君以所不能臣不賢于君則

將順以承休德臣也遠遇

聖明亦順承已耳復何言哉而臣猶惓惓以

法

祖爲獻者蓋我

皇祖之所以致天下之治者法天而已矣何者心者必之所以與

我者也我

皇祖規心有淳以事心也民者天之所以視聽者也我

皇祖恤民有章以勸民也凡如此類無非緣法以致治則亦無非

因天以立法是皆

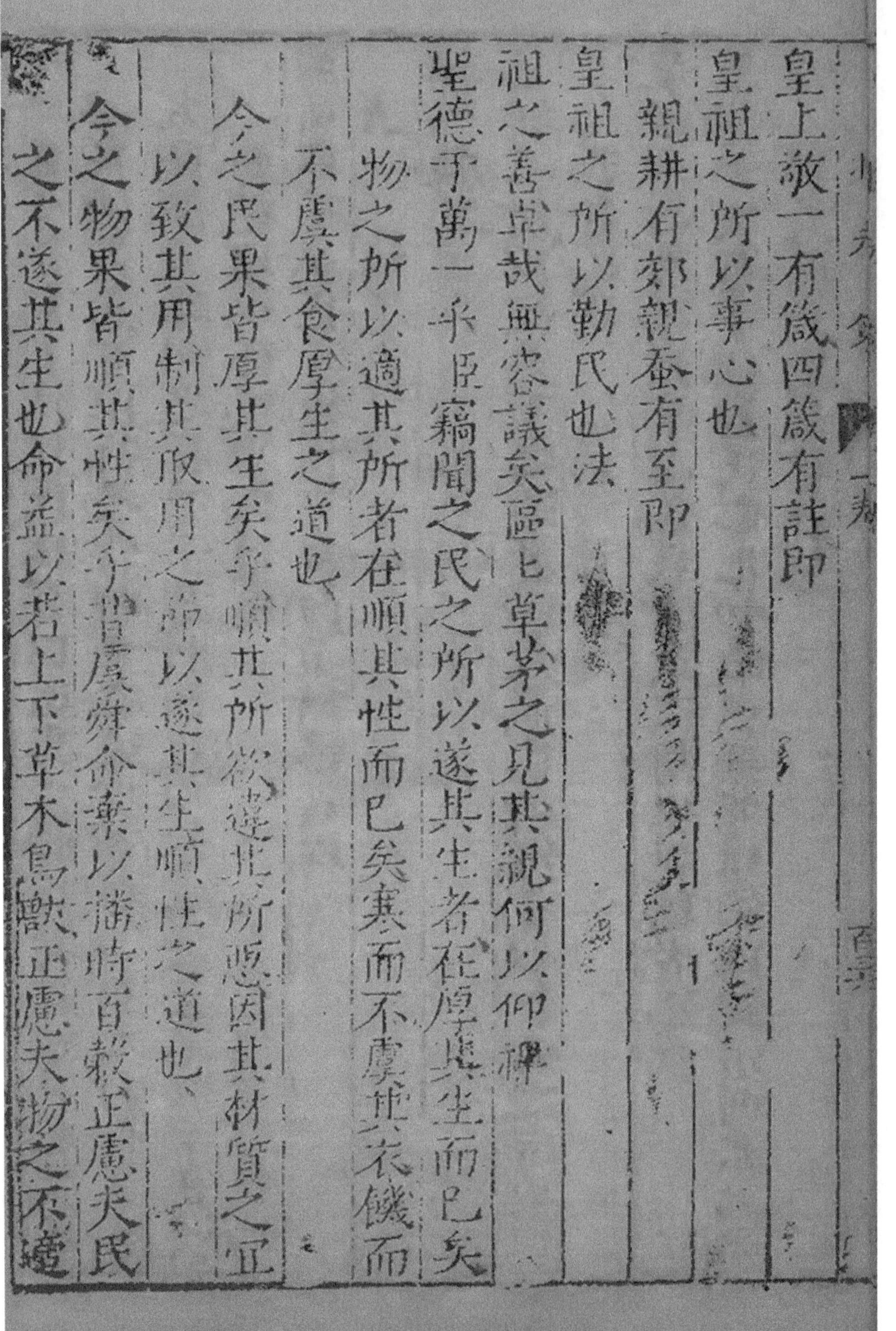

皇上敬一有箴四箴有註即
皇祖之所以事心也
親耕有郊親蠶有至即
皇祖之所以勸民也法
祖之善卓哉無容議矣區區草茅之見其親何以仰裨
聖德于萬一乎臣竊聞之民之所以遂其生者在厚其生而已矣
物之所以適其所者在順其性而已矣寒而不虞其衣饑而
不虞其食厚生之道也
今之民果皆厚其生矣乎順其所欲違其所惡因其材質之宜
以致其用制其取用之節以遂其生順性之道也
今之物果皆順其性矣乎昔虞舜命棄以播時百穀正慮夫民
之不遂其生也命益以若上下草木鳥獸正慮夫物之不遂

其所也

今之在位者多矣果皆如皋如夔之臣矣乎若猶未也惟在

皇上節費以裕天下之財慎動以端天下之極明法以立天下之紀懋德以召天下之和虛心以用天下之賢闢聰以納天下之言明目以祛天下之弊則萬民自遂其生萬物自遂其所而天下之化成億萬載無疆之業端在是矣然其要則又在乎無斁蓋天之行也健而不息故能成其大日月之行也運而有常故能溥其照惟

皇上猶天道健行之勇普日月久照之明勇以致其決明以察其幾不以始勤不以終怠不以暫勉不以久忘則

皇猷允塞而法

祖法
天之心創業守成之道無舉而無遺矣此非臣之過為是言以欺
陛下也居安者易危處平者易傾人之情也故臣敢為是言也臣
冒瀆
天聽不勝戰隕越之至臣謹對

壬辰科嘉靖十一年

皇帝制曰朕惟人君奉

天命以統億兆而為之主必先之以咸若之樂生徧遂其安欲然後庶幾盡父母斯民之任為無愧焉夫民之所安者所欲者必首之以衣與食使無衣無食未免有凍餒死亡流離困苦之害夫匪耕則何以取食匪蠶則何以資衣斯二者亦王者之所念而憂者也今也耕者無幾而食者眾蠶者甚希而衣者多又加以水旱蟊蝗之為災遊惰冗雜之為害邊有烽塵內有盜賊無怪乎民受其殃而日甚一日也固本朕不類寡昧所致上不能參調化機下不能作興治理實憂而且愧焉然時有今昔權有通變不知何道可以致雨暘時若災害不生百姓足食足衣力乎農而務乎職順乎道而歸乎化予諸士

明於理識夫時縕抱于內而有以資我者亦既久矣當直陳
所知備述於篇朕親覽焉勿憚勿隱

臣林大欽

臣對臣智識愚昧學術疎淺不足以奉

大問竊惟

陛下當亨泰之交撫盈成之運天下皆已大治四海皆已無虞而猶拳拳于百姓之未得所爲憂是豈非文王視民如傷之心耶甚大美也然臣之所惧者

陛下負聰明神智之資秉剛睿明聖之德擧天下之事無足以難其爲者而微臣所謂識復不能有所補益于萬一

陛下豈能以其言爲未可盡棄而有所取之耶

陛下臨朝策士凡有幾矣然莫不先揚其名聲寵綏其祿秩繼

未聞天下之人有曰

天子某日降某策問某事因某策濟某功者是豈策士之言皆無可適於用者耶抑亦其言或有可適於用而未暇採之耶是臣之所懼也臣方欲爲根極政要之說明切時務之論而不敢飾爲迂濶空虚無用之文以罔

陛下

陛下若以其言爲可信而不悉去之試以臣之策付之有司責其可行則臣終始之願畢焉如或言不適用則臣有譖愚欺天之罪俯伏以待罪譴誠所甘心而不辭也臣伏讀

聖策有以見

陛下拳拳以民生凍餒流離爲憂以足民足食爲急此誠至誠惻怛以惠元元之念天下之所願少須臾無死以待德化之成

者然臣謂
陛下誠懷愛民之心而未得足衣食之道誠見百姓凍餒流離之
形而未知百姓凍餒流離之實也夫
陛下苟誠見夫百姓凍餒流離之實則必思所以富足衣食之道
未有人主忍見夫民之凍餒流離而不思所以救援之者未
有人主救援夫民之凍餒流離而天下卒至于凍餒流離而
不可救者也今夫匹夫之心可形于一家千乘之心可形于
一國何者以一家一國固吾屬也奚謂萬乘爲天下者有救
援天下真實懇切之誠而顧不效於天下者哉是臣所未信
也臣觀
陛下臨朝凡十九餘年于此矣異時勸農蠲租之詔一下天下莫
不延頸以望更生然而惠民之言不絕夫口而利民之實惠

至今猶未見者臣是以妄論

陛下未見斯民凍餒流離之實未得足民衣食之道也臣聞之仁以政行政以誠舉王者富民非能家衣而户食也心致其誠而已矣夫有其心而無其政則天下將以我爲徒善有其政而無其心則天下將以我爲徒法徒法者化滯徒善者恩塞心法兼備此先王所以富足人之大略也臣觀史策見三代以後之能富其民者于漢得一人焉曰文帝當秦亂干戈之後當時之民蓋日不暇給矣文帝視當時之坐于困寒者蓋甚于塗炭也育之以春風沐之以甘雨煦煦然與天下爲相休息之政而塗炭者衽席矣故後世稱富民者以文帝配成康亦誠有以致之也然而文帝固非純王者竊王者之似焉猶足以尊稱于後世而况夫誠于王者而顧有坐視天下于

凍餒流離者哉臣竊謂今日

陛下憂民之心不爲不切憂民之政不爲不行然臣所以敢謂

陛下于斯民之凍餒流離而未見其實乎斯民之衣食而未得其

道者竊恐

陛下有愛人之仁心而未能如王者之誠怛懇至有愛人之仁政

而未能如王者之詳悉先明臣是以敢妄論

陛下而云云也然臣所望仁政于

陛下者非欲盡變天下之俗也非欲復井天下之田也亦曰宜時

順情而爲之制而不失先王之意臣請因

聖策所及而條對之

陛下策臣曰夫民匪耕則何以取食匪蠶則何以資衣斯二者亦

生者之所急而國家者也今耕者蕪而食者衆蠶者稀而衣者

多又加之水旱虫蝗之爲災游惰冗雜之爲病邊有烟塵內
有盜賊何怪乎民受其殃日增役甚一日也此臣所
陛下痛念生民之窮深探困乏之本而極思所以拯救之道臣謂
民之所以耕桑稀而日甚其殃者游惰耗之也冗雜病之也
若夫水旱虫蝗之災則雖數之所不能無然君人之憂不在
焉何者苟耕桑之業素修而無所廢則雖有水旱虫蝗而
無所害苟關有道之國天不能災地不能沈寇狄盜賊不能
擾以恆職修而本業固倉廩實而講禦先備是謂立國有三
計有萬世不易之計有終歲應辦之計有因時適宜之計萬
世不易之計若大學所謂生之者衆食之者寡爲之者疾用
之者舒者也故王制三年耕則有一年之積例之則九年當有
三年之豫其終歲所入蓋足以自給而三年之蓄積可以豫

待不虞如此者所謂天不能災地不能阨夷狄盜賊不能闚
臣前所謂王者之政、
陛下今日所方切求而欲勵行之者所謂終歲應辦之計者蓋生
財之道未甚周節財之道未甚盡一歲之入僅足以充一歲
之用其平居無事猶未見其甚蔽倘有凶荒盜賊之變則未
免厚斂重取以至于困敗而不能自振若此者蓋素備不修
因時權設漢唐宋以下治天下之大率而非吾
陛下之所以奉天理物而游厚感脉者其所謂因時苟且之計者
蓋平時之用以斂散於民者類無其度而取民惟畏其不多
用財惟畏其不廣方其無事百姓已不能自給迨其有變則
不可復為之計矣此則個國無紀潰亂不時蓋昏亂衰世之
政焉蓋臣前所謂起于游惰病于冗雜之弊亦略有同于是

陛下今所方欲改撤而易海内之觀者臣謂今日游惰之弊有二冗雜之弊有三此天下之所以長坐於困乏而志士至今搤惋而嘆息者也其所謂游惰之弊二者一曰游民二曰異端游民衆則力本者少異端盛則務農者稀夫民所以樂於游惰者何也蓋起於不均不平之横征病於豪强之兼併小民無所利於農也以為逐藝而食猶可以為苟且求生之計且夫均天下之田然後可以責天下之耕今夫里閈之小民剝於汙吏豪强者深矣散食於四方者衆也大率計今天下之民其有田者一二而無田者常八九也以八九不耕之民坐食一二之粟其勢不得不困然而散一二有田者之業以為八九自耕之養其勢未嘗不足議者病游民之衆也或有逐商之説然臣以為游民之困本於不得已也而又無所變置

而徒爲之逐臣懼夫商之不安于商也臣竊謂今日之弊源已深吏治者當端其緒而緩理之理而無緒勢將驅力農之民而商而又將驅力商之民而盜也天下爲盜國不可久其便莫若嚴限田之法嚴無併之禁而又擇循良仁愛惻怛之吏以撫勞之法以定其世業禁以防其姦貪吏以時其安緝游民其將歸乎若夫異端者蓋本無超俗利世之智而徒竊其賦顧逃刑之利不工不商不農不士以自便其身且其倡無父無君之教于天下將使流風之來可已焉此其爲害甚明故臣不待深辨然臣竊悼俗之方敝也禿首黃冠充斥道路咮啗頓于崇耀崇漢此風未艾斂篡者衆非所以令衆庶異世非所以端正風紀之要體也故臣

陛下嚴異端之禁斥道佛之說勅令此輩悉歸之農其有不如令

者許有司罪之不赦焉非惟崇力本之風抑且於教化之道

此臣拳拳所望于

陛下之至意也其所謂冗雜之弊三者一曰冗員二曰冗兵三曰冗費冗員之弊必澄冗兵之弊必汰冗費之弊必省三冗去而財裕矣夫聖人所以制祿以養天下之吏與兵者何也吏有治人之明則食之也兵有敵人之勇則食之也是其食之者以其明且勇也其或有不明不勇者則非耕不得食非蚕不得衣何者無事而祿亦先王之所儉也今天下之吏與兵何如也臣非欲盡天下之吏與兵而不祿之也臣徒見任州縣者固有軟罷不振而坐祿者焉隸兵籍者固有老弱不勝而濫食者焉且入貲之途太多任子之官太眾簡稽之責不嚴練選之道有虧臣是以欲於此輩一一澄且汰焉其所以去

冗濫而竊民賜者不少也若夫冗費之弊不能悉舉即其大
而著者論之後宮之燕賜不可不節也異端之奉不可太過
也土木之役不可不裁也
陛下端身以率物節己而務儉其于三者固未可議焉然竊見天
下之大民物之衆九州四海之貢尺帛粒米之賦山林川澤
之稅日夜合離以輸大倉可謂盛矣而國計未甚足以爲必
有所以耗之者矣且夫上之賦其下者以一而下之所以供
夫上者常以十蓋道路之耗濟輓之費京師之一金田野之
百金也內府之一百金民家之萬金也以百萬民家之資費之
于一燕饗一賜予一供玩者何限臣故曰冗費在今日亦有
未盡節者蓋臣聞之以天下所有之財賦爲天下人民之供
養未有不足者將其有以冗而費之者則其勢將橫征極取

天下不至于饑寒凍餒大敗極弊而不已臣讀史記見周文王方其受命之時地方不過百里而四方君長交至於其國其所以燕饗勞來之典不容終無然而當時百姓各足饑寒不爲故民誦之詩曰勉勉我王綱紀四方蓋慶之也傳至於其子孫以八百國之財賦自養一人宜其甚裕而無憂而民亦流離困苦至于黃鳥此邦之咏作焉臣于此見君人節己以利人則易爲功縱費以厚斂則難爲力臣是以奉率以省冗費爲

陛下告也

陛下策臣曰固本朕不顯寡昧所致上不能參調化機下不能作興治理實憂而且愧焉此

陛下憂勤之言禹湯罪己之辭也然臣謂

陛下非徒爲是言也須欲勵是行也夫君人之言與士庶不同一或不徵天下玩之後雖有美意善政人且駭疑不信

陛下徃年嘗有恤農之詔矣然而天下皆以爲

陛下之虚言何者誠見其言若是焉而未見其惠也今

陛下復策臣名是焉臣以爲亦致憂勤之實而已欲致憂勤之實須速行臣之言然臣前所陳者皆因

聖策所及條對要之所以振弊利世之道猶有未盡於此臣請終之夫山澤之利未盡發則天下固有無田之憂今夫京師以東蔡鄧齊魯之間古稱富庶號國三代財賦多出于此漢唐以來名臣賢守其所以興田利而資國用者溝洫封澮之迹猶存而今悉爲空虚不耕之地此古人所謂地利猶有遺者而

陛下所使守此土者一切苟且應職而無能爲任此憂者此北人

所以長坐仰給於東南小有凶荒不繼輒驚擾轉溝壑而不能
自給以生者地利未盡也臣意
陛下莫若嚴其守令選有力量才幹忠誠爲國之士使守其地
而專一以興田利爲事
朝廷寬其禁限聽其便宜而惟以此爲田利課則海內當有趙
過若出焉不數十年之後則江北之田應與江南類可省江
淮數百萬之財賦而舒北人饑寒凍餒之急一舉而利二焉
大惠也
陛下能斷而行之大勇也或曰非不欲行也如東南異宜何臣請
有以析之夫今日所謂空虛荒瘠無用之地豈非向時所謂
富貴而所托賴以興起之本區乎昔以富實今以荒虛臣誠
未喻其說亦曰存乎人爾魏人許下之屯可見矣方棗祗爲

由許之舊也當時亦誠見其落落難合洎其成也操終賴之省粟數萬今天下之大又安知其無能爲棗祗者乎臣是以願

陛下以此爲田利課則山澤舉臣又聞之山澤不征市梁無禁王者所以通天下大公大同之制也自漢桑弘羊以剝刻之術媚上而征榷之法始詳歷代因之而不革太公之制未聞也然臣終以此爲後世衰亂苟且之政今

朝廷之取民茶有征酒有榷山澤有限魚鹽有課自一草木以上之利莫不悉籠而歸之公其取下悉矣夫上取下悉則其勢窮矣獸窮則逐人窮則詐今

陛下之民將詐矣司國議者非不知其勢之不可以久也然而明知其弊而爲之者誠曰國家利權之所在也臣以爲利不勝義義苟不安利之何益况又有不利者在乎臣聞之王者所

以總制六合而正服民心張大國體皆因在道德之厚薄不
問財賦之有無臣觀征利之說不出於豐大之國恒出於衰
亂之世纖微然與民利者匹夫之事也萬乘而下行匹夫之
事則其國辱非豐大之時所尚也
陛下何不曠然為人所難思大公之法去衰亂之政令天下之士
爭言曰惜乎漢唐宋不能舍匹夫之利以利人至我
明天子然後能以天子之大體鎮服民心焉
陛下何苦于此焉不為也臣願
陛下息山林關市之征焉使大聖人所作為過于人萬萬也若夫
悉推富民之術則平糴之法不可不立也常平之倉不可不
設也奢侈之禁不可不嚴也凡若此者史冊之載可考
陛下可能舉而行之成典具在故臣不必深論之也由臣前所陳

而言之均田也擇吏也去冗也省費也由臣後所陳而言之闢土也薄征也通利也禁奢也田均而業厚吏良而俗阜冗去而蠹除費省而用裕土闢而地廣征薄而息寬利通而財流奢禁而富益八政立而制備矣

陛下果能行臣之言又何憂于百姓之凍餒饑寒流離又何至於有盜賊之警又何患夫不順夫道而歸乎化哉通變宜時之道其或悉備于此然臣以爲此數者皆不足爲

陛下之難所患人主一心不能清虛寡欲以爲寬民養物之要則雖有善政美令未暇及行蓋崇高富貴之地固易爲驕奢淫逸之所是故明主重内治也故古之賢王邃觀遠慮居尊而慮其危處富而懼其溢嚴儆而防其箴誡以定志慮而節逸欲固寅畏而禁慠邪也故堯曰兢[illegible]

曰業業禹曰孜孜湯曰檢身

以爲數聖人固得治心之要矣臣嘗讀漢書見漢武帝之爲君方其臨軒策士奮志六經也雖三代之英主不能過焉洎其中年多欲一念不能自勝公孫弘桑弘羊張騫卜式文成五利之輩各乘其隙而售之卒使更變紛然天下坐是大患臣是以知人主一心不可使有所嗜好形于外少有沉溺焉禍必大敗顛

陛下靜居恬慮以爲清心節欲之本毋以深居無事而好逸豫以海宇平清而事遠畧毋以物力豊實而興土木毋以聰明英斷而尚刑名毋以財賦富盛而事奢侈毋羡邪說而惑神仙遂心正極省慮虛涵心澄則日明慮省則日精精明之運旁燭無礙擧天下功業惟吾所建者豈止以富民生足衣食而已哉臣始以治弊治法爲

陛下告終以虛心寡欲爲
陛下勉蓋非有驚世絶俗之論以警動
陛下然直意以爲
陛下之所以策臣者蓋欲聞凱切時病之說故畧取盡其私憂過
計之辭與情所激誠不知其言之猶有所憚亦不知其言之
猶有所隱惟
陛下寬其狂易諒其朴直而一賜覽之天下幸甚臣謹對

皇帝制曰朕惟治天下之道其端不可槩舉特以大者論之在乎
知人安民二者而已夫知人則哲必能官而任之安民則惠
必使匹夫匹婦各得其所雖然堯舜尚于此猶難夫豈後世
所能及也朕本藐服仰承
天命入奉
祖宗大統朝夕戰兢不遑寧處何自即位以來灾變頻仍旱潦相
繼歲復一歲無處無之生民流亡朕甚恐懼此非朕官非人
以虐民歟或賢與不肖進退倒置歟或勸懲之典而失其宜
歟抑爲我選任者而失公平之道歟夫天聽自我民聽天視
自我民視非民不聊生而
天垂深戒者如此何歟至于内有盜賊之擾外有夷狄之患此亦

爲民之害者民民爲邦本而使饑寒困苦流離死亡至于如此
邦欲安而得乎朕雖保邦安民之念求其所以實無一得朕
欲俾灾沴潜消民生生堵盜賊息邊方靖財充而食足不知
如之何可以臻此特進爾多士于廷爾多士明于王迪有日
矣且目睹時艱豈無真識的見以匡我者當悉心吐露推衍
所以于篇朕當勉爲親覽焉勿謟勿慷勿泛勿畧庶副朕意

臣羅洪先

臣對臣聞帝王之致治也有以優天下之仁而以不費爲施有
以周天下之智而以不勞爲用施之溥而後順時鼓舞之權行
用不勞而後寔天聰明之實著得[illegible]聰明者存乎誠誠無疑
矣妙鼓舞者存乎變變無方矣[illegible]作用于旁行仁之
發也以天下之才盡天下之故得天下之故神天下之化夫

何費之有無些然而別賢否于不遺智之運也以天下之公爲一己之度廓一己之度安天下之情夫何勞之有是故誠以基智智以廣仁仁以盡化化以格天天順而時化和而理仁廣而通智睿而辨非夫先天而天不違後天而奉天時者孰能與于此故仁而不得其要必跡陋而文勝智而不本于誠必穿鑿而術煩文勝之弊泛而要致術煩之弊雜而不明天下之事廢者多矣是故帝王存之爲理要之原舉之爲易簡之善不以察爲明不以私爲惠蓋其所執者要其所尚者審故也是以天地可位萬物可育氣化太和災沴不作其上下一貫之理顯微無閒之機乎是故仁智合德之謂聖志氣交感之謂通天人同歸之謂治是說之不明也亦久矣古人之言曰上有好言之君則下必有盡言之臣又曰益智廣德

莫善于問乘事演道莫善于對臣愚恭遇
陛下精明納言得其時矣觀時勢之故究恢濟之本極理亂之說廣德業之規臣非其人也而竊有志焉敢不敬述其畧以對
惟天生民不能無欲欲之不制亂之成也苟非至德大道不行故夫德合天者謂之皇德合地者謂之帝兼乎三才足以合倫盡制者謂之天子故亶總明為元后而佑下民作之君師子夏問孔子以民之父母孔子曰四方有敗必先知之一人而安四方者君也是故天者立君之命者也君者立民之命者也裁成之道輔相之宜所自成也典禮之秩命討之權必有歸也安民非君之責乎勢一而後定于義職分而後詳于仁是故惟王建國體國經野設官分職以立民極也御后王君公承以大夫師長以奉天道也此則其濟之義大公之

制也官人非君之一助乎然地遠則德不易通情異則化不易行求萬姓之咸然則難得也聽言則易于階情盡實則乖于廣咨求九德之咸事難得也然臣嘗求之矣四凶之惡不著也堯不逆探其奸元凱之善未著也堯不責備其用是道也其知人之要乎黎民敏德在臣下之克艱帝爲不知由官師之翕受是道也其安民之要乎然而當時病其難後世忘其守豈非誠僞之別而治忽亦因之歟仰惟

陛下即位以來孜孜求理敬慎夙夜不遑寧處求直言以廣聽納除冗役以止蠹害謹爵以簡任使嚴章法以辨優劣其于官人可謂謹矣免雜租以重民命發餘幣以穰時艱減貢獻以節浮費明寬獄以示平叉其于撫民可謂審矣是宜海内興富足之歌天下樂有年之頌朝著極揖讓之休郡邑向承

德之薦而休徵畢集和氣畢暢矣夫何近年災敚迭興旱魃爲凶干旱相繼淫潦損苗愆晴不正白虹示警坤象下震星變上現霾氣四昏夫天人之際自古不誣氣數之說雖經之訓故曰聖王在上日月不薄食雷發不震雨雹不爲災一氣之流行故也今也仰窺聖度俯察幾微竊嘗嘆

陛下慮之在臣亦且疑之矣然延詢博訪備察遂聞民之困也倉箱無卒歲之儲田里無口分之業耕穫未已而稱貸復行亦有收不以時然糴糶之所遇者矣播種以施而券契亦行亦有欲取其死如噬齧之所憂者矣甫則病于稼產之塵比則病于夫役之擾至于災異之地猶夫撫字之方粟烈不免下鴻集野離飼夫蒙被見以流離載道載相收匕攫劫爲生益爲糜敗遺壑殍屍起積骸在野夫天心之仁靡不欲其相安

以生而民之罔收乃視其轉死而不救知人之道可不重乎哉

陛下既深愍而屢言其弊矣臣竊復何所言惟

聖問有司官非其人以虐民臣不敢謂無是也蓋古之仕也祿不計其厚薄職不計其大小惟以盡分為心不以年數為限今也上無責成之心下有苟安之計善政未必行能聲未必著是安得不以利為利也

陛下有以處之乎

聖問有司賢與不肖進退倒置臣不敢謂無是也蓋古之仕也進以實德不以空言故聽言如變不得長奸有能如鯀猶謂方命今也任其論說無以考其素行取其才藝不復校其道術是安得不以不肖為賢也

陛下有以辨之乎以勸懲言之古之課績也日有日成月有月要歲有歲會故不紊也今給由之制足以擬之否乎是賞罰無可稽矣以選任言之古之舉用也官長舉其屬親怨無所避故以情也今資格之限亦有避嫌者乎是公平有所礙矣四患不除則庶理不得庶理不得則群賢不登群賢不登則處置失宜而百姓無賴是故潢池多弄兵之警緣邊無固守之防以此立國則國運不泰以此制民則民紀弗寧是故天聽自我民聽天視自我民視信乎感應之道察乎機緘之萌是安得不來

宵旰之憂而切多士之問也然臣以爲知致弊之由則必有救弊之方病化理之弊則必有更化之道要亦[illegible]知人者而加之意乎臣亦不敢[illegible][illegible]近世苟且之見習熟之説以爲

陛下之誠意請撥其本而論之夫天聰明聖意憲古之訓也然天之聰明不可度也有德則降祥有惡則降殃大以成大小以成小各因其宜而未嘗有為也各適其用而未嘗有心也山澤之廣大汙疾之納藏而未嘗無容也觀于天道可知君人之度矣舜之大智也在隱惡而揚善禹之大智也在于行所無事是故虛心以應之則得失自別下已以待之則狡偽獻誠聖賢改過不言絕德必察其微中才豈免必摘其短尚何自新不與其往不必徧物是故水平則妍媸必見也衡平則輕重自倫也必以形迹觀人則不可以盡人必以法制繩人則不可以服人而況在人之心實爲至神上之好惡靡不審上之情僞靡不知示之以誠猶恐其偷示之以詐弊將安極已未信而欲人之信已不可得也人之弗信而欲惟意之從

亦不可得矣可不戒哉雖然此其本也舉其端則端育不可以不端也選舉不可以不慎也考課不可不精也欲端教育在乎正道術之習嚴考校之賢欲正其習則祖宗所謂一以記誦為能事無實用者可戒也欲舉其師則祖宗所謂必求端人正士以為模範者可行也務本而崇實先德而後藝如是而教有不成乎欲慎選舉在謹資格之弊崇德行之科謹資格也則當鑑裴光庭混淆之失崇德行也則當考程顥薦選之議而又正奔競之風重廉恥之節如是而選有不當乎欲精考課在久賢能之任明賞罰之權久任則杜牧所謂以親民長吏轉有郡守有績則進爵加職者可法也明賞則傅堯俞所謂君志崇閎體崇而後可責其成者可取也如是而課有不精乎然而數者之要非兼聰明之德不能行憲

天之說無亦所當留意者乎既得知人之說則安民右舉而措之耳然道有升降政由革俗法不變則道不融制不更則化不顯焉以時久則窮事煩則弊守其故則滯而不通反其原斯順而可達是故新民之耳目不可無作倦之道一心志之趨向不可無檢制之法正月之布象和法以歲變者也刑罰世輕世重以世變者也時未至而不守常則至于扞格時已至而不用權則至于膠固故觀其機會及其理要以此爲官人之法固足以盡其才能以此爲責效之規尤易于底績矣雖然此其本也縣舉其端則東南有可耕之人而無其地西北有可耕之地而無其法曠土隙田之未耕是錯之所憂也鑿濬灌渠之有法召信臣之所行也閔旱得雨而
皇祖無憂其後苗乃免田租今則雖有善政視爲彌文多矣無亦

以實意行之乎陝西告饑請粟而
皇祖陪其賚予且令速發今則雖有急請稽遲歲月久矣無亦以便宜處之乎田無定分富貧不均畧爲防制可也稅有巧計虐實莫究加以清量可也禁侈靡之風而民自足黃霸之惠政也豫儲蓄之備而歲不饑朱熹之良規也然而數者之要非遂變易之宜不能行順時之說無亦所當致者乎順時以行則賢才無擧用之慶任人以公則閭閻有切實之效遂飽煖安逸之欲而無飢寒盜賊何從生乎蓋不但如龔遂之治渤海也得撫綏攻戰之術而無敗衂夷狄何由至乎蓋不但如趙充國之在湟中也生之有道用之有節積之有備取之有制財用足而衣食富又不必劉晏之取予而後爲善計也又何患乎

天心之不格灾患之不潜消哉然聖問于終篇尤有真識的見明
下王道之說以誘愚臣之言而且戒謟畏之弊臣有以知
陛下求治理之切廣謀猷之陳上慕下樂之至情矣臣復何所顧
忌而不盡哉蓋聞
祖訓有曰一民未安猶爲未仁一念未誠猶未格天
又曰人情遇祥則有驕心遇灾則有懼心而懼心生者治之基
也嗚呼其治天之交始終之義安危所繫之機乎今
陛下遇灾而懼因變而警歸過于己加念于民定心豈有二哉此
兢業萬幾者也寅恭和衷者也知人安民之大原也萬古虛
靈不昧之機也今之灾變即者消也心之敬誠無時可止息
也孔子曰爲政在人即知人之可以安民者也取人以身即
知人之本于憲天也修身以道修道以仁仁也者即今日敬

戒之心也是心也是理也天得之以清地得之以寧人主得之能使天下和平是故無有內外無有遠邇加以意必即非此心加以固我即非此心所謂渾然與物同体者也其得其失不假外求匪思匪為乃所自得靜而養之而未始有物實淵深也動而慎之而未始不足實博也故一念之覺即為誠一念之放即為偽違于此為大愚決于此為大勇而飾外之說不足惑之矣順之而運用也乃為周流之妙失之而襲取也乃為執一之行而似是之說不足動之矣以此窮理則中有主而不雜于二三以此親賢則任必專而不疑于可否以此為裁制萬物之柄則擬議而不窮以此為事天治民之極則懇惧而不遑惶乎聖之學也自世之經也亦愚臣終身學之而未能者也程子言告君者曰夫鐘怒擊之則武悲擊

之明衰緒所感而入也張子之言曰誠言乃事君第一義不可有欺臣之微誠何足為献然亦不妄舉以陷于自欺芻蕘之廟有補萬一亦

大聖之所不棄也惟

陛下致審擇而力行之不勝幸甚臣謹對

丙戌科嘉靖五年

皇帝制曰：朕惟自昔言治道者有二，曰王曰伯。三代而上，純王之治也，卓乎不可尚矣。論者乃謂三皇以道，五帝以德，三王以功，五伯以力。又謂皇降而帝，帝降而王，王降而伯，果若是殊乎？其所謂道德功力，亦有可指言者乎？自是而後，漢、唐、宋歷世最久，號稱平治，其間英君誼辟，固有專務以德化民而致刑措之效，力行仁義而成貞觀之盛，至誠恭儉而收慶曆之治，蓋于王道皆若有庶幾焉。由今觀之，其流之當時而見諸政事者，果道歟？德歟？抑功力歟？亦有可述者歟？議者又言，漢三而未足，唐猶夫漢也，然則宋固可知矣。豈世道愈降而先王之道卒不可復歟？

太祖高皇帝創業垂統

太宗文皇帝安內攘外
列聖相承益隆繼述莫不以純王之心行純王之政百五十餘年
以來亦既成純王之化矣朕嗣承
大統夙夜孳孳亦惟帝王之道
祖宗之法是遵是守夫何承平日久人心宴安固嘗勸農桑矣而
閭閻之間衣食益困飭武備矣而輦轂之下營伍不充士病
其譏過也而流風相尚顧傷于太激俗惡其奢靡也而守禮
之家不免于僭侈儲畜之政何歲不講一遇水旱至坐視赤
子之流離備禦之策無時或忘一有邊警輒告稱兵糧之耗
竭夫統体紀綱人才風俗皆王政之大而足食足兵又今日
之急務也倘如興滯補敝之不暇有充擧之久何擇于王伯
哉夫上有願治之君則下有輔治之臣是故道易变而志易

行也昔之人臣所以事其君固有以法天立道爲對以纖[illegible]

教化爲喻以誠心公道爲佐治之具者夫豈不知尊王而抑

伯哉何卒混爲一途而莫之能正也後之論治者有言蓋大

道則可以行王道又謂有內聖之德則有外王之業又謂必

有父母天下之心乃爲王道當以和者爲不易之論歟朕聞

王者之民勞之而不怨利之而不庸遷善敏德而不知其功

相安相養而莫識其力士讓于朝民和于野萬物並育各得

其所朕甚樂之甚慕之何施何爲而可以臻此乎大夫明于

王道有素矣其詳著于篇朕將擇而行之

臣龔用卿

臣對臣聞帝王之御天下也有爲治之大用有出治之大本

爲治之大用存乎道出治之大本存乎德德存于心而爲道

之所以立道達於政而爲德之所以行何謂德必其蘊諸心思者一本於誠而無矯僞之雜何謂道必其施諸政事者一出於公而非私小之圖故有是德斯可以爲純王之心有是道斯可以爲純王之政德以本之道以行之則身居於九重之間而化行于裨海之外充塞溥遍之功以成而於變時雍之效以著粤自大王道不明於天下而世之言治者始爲一切便安之術其推之已也則無本而易窮其及于人也則有限而難久心其心而非王者至誠之心政其政而非王者至公之政則其治效之所就豈可以例同于王者之道德哉於戲此唐虞三代之治所以爲至而漢唐宋之君皆不足以與于斯也歟惟

皇帝陛下天資英邁聖學日新既已具

聖人之德弼脩寶曆迺除昌朔又已得
聖人之情自
臨御以來五年于兹民安物阜道洽政治可謂極其盛矣方且
休道謙冲不以已治已安爲足也而于
萬幾之暇進臣等于
廷降賜
清問惓惓於王伯之說出以統體紀綱人才風俗足兵足食爲
憂臣知
陛下有志于王道之大而陋伯術于不居也真所謂
大有爲之君矣敢不揉摭所聞以對揚
休命之萬一乎臣聞天下之道二王與伯而已矣其心本於誠
致出於公無所爲而爲者王者之道也其心雜于僞政出于

私有所爲而爲者伯者之道也王伯之辨不出乎誠僞公私之間而已矣嘗即是而求之羲皇而上玄風邈然不可追矣言治者莫過乎唐虞三代言聖者莫過於堯舜禹湯文武是故堯以俊德達於詢咨岳牧之政而後有萬邦協和之休舜以玄德達於詢咨岳牧之政而後有四方風動之化禹以祗台之德達於修和府事之政然後地平天成之績以成湯以懋昭之德達於輯寧邦家之政然後兆民允殖之治以臻文王之所以能克配上者以其緝熙敬止而又有懷保惠鮮之政也武王之所以永清四海者以其建極叙倫而又布箕麗陳教之政也是皆本諸心者有大聖人之德而達於政者有大聖人之道推之而羣動之而化故可以謂之純王若夫伯者則推之不本乎德而不能行王者之心行之不由於道而

不能爲王者之政。如葵丘之會，假名於尊王；首止之盟，假名於定嫡。苑囿示禮而實非禮也，衍衞示仁而實非仁也。有所因以爲功，有所強而爲善，其視王道，猶桔槔之於雨露，爝火之於日月，其小大判然可知矣。故曰誠心而王則王，假之而伯則伯，此之謂也。然則欲求王道之大者，豈可離道德而爲言哉！嘗考諸揚雄之論，以三皇同道而異化，五帝同德而異教，三王同功而異勸，五伯同力而異率。蓋皇與帝之存心立政，固與王同，特因時而異其號，固非伯者以力假仁、補塞罅漏者所可同年而語矣。然又謂皇降而帝，帝降而王，王降而伯，蓋世變之趨，其勢誠然也。要之，至于王則人事備，降于伯則世道衰，下伯一等則夷焉而已。不至若轉移之機，實存乎人，豈世道既降而終無可復之理哉？三代而下稱善治者曰漢曰唐曰宋就其優者論之漢文帝躬修玄默以德化民固賢君也其識賑貸罷築臺抑寵倖容直諫以几杖賜吳王以金錢愧張武庶幾于王則其致囹圄空虛刑措不用之效非徒然也唐太宗英明威武力行仁義固令主也其定田賦修府兵卻貢獻謹刑一因乎矢而措治道增學舍而廣生員庶幾於王則其致外戶不閉道不拾遺之效非苟然也宋仁宗存誠恭儉始終如一亦仁厚之君也考其所設施者若刑以不殺為威財以不畜為富兵以不用為功人才以不作聰明為賢引輔臣而修治道親君子而礼大臣亦庶幾于王矣則其致慶曆之盛而臻四十餘年之治其固然歟究而言之則文帝之心未嘗溺於黃老太宗之德終有愧于閨門仁宗之優柔卒不能制夷狄之横蓋漢之治雜乎伯不純乎王者

也唐之治雜乎夷猶愧乎伯者也至于宋雖曰以仁厚立國家法最正然亂用未能盡革是謂以弱政濟弱勢安可以語王道之大哉宋而後至于元則以夷變夏益可悲矣

上天厭亂篤生

聖人我

太祖高皇帝創業垂統纘百王之舊服

太宗文皇帝安内攘外立萬世之丕基其政之善心之純見於先民所傳者詳且悉矣臣請得略舉其槩而言之綱紀不紊而内外有相維之勢統体有序而大小有相制之權撫民窮則有種粟之法有給鹽之惠重教典則有國監之規有學校之詳崇理學而人才無不正抑浮費而風俗無不淳罷政有條例也禮儀有定式也則純王之政不在是乎暨莊誦我

太祖之訓有云朕求古帝王之治莫盛于堯舜然觀其授受在允執厥中又曰人君一心治化之本使存諸中者無堯舜之心欲施於外者有堯舜之治不可得也

文皇之訓有云帝王之學貴切已實用又曰凡開創之主其經歷多謀慮深每作一事必籌度數日乃行亦欲子孫世守之不易然所以為運用推行之機明於天下之心不在是乎

列聖相承益隆繼述自九十餘年以來道隆化洽政善民安悅服之誠著乎遐邇尊親之念徧乎華夷純王之化罔無間矣

陛下嗣承

大統嘉靖中

登極一詔與民更始所以繼

祖宗之法而守帝王之道也然求其道不可不知其德守其法不

可不知其心臣伏請

聖制猶慮夫王政之未能無弊王化之未能有成其志蓋已勤矣

而臣竊恐

陛下于德之修者或未盡純心之存者或未盡實則弊政豈能盡除而化成之效豈能以遽致耶臣請得而畢言之勸農桑雖有官矣然阡陌不識勞來之人惰遊率多荒廢之業以繭絲先保障而徵求極其錙銖以撫字後催科而追促急于星火求其如龔遂之勸民種植召信臣之修渠灌溉者果何人哉是無憐乎衣食之益困也飭武備雖有條矣然精鋭者私役于權門老憊者備數于行伍草場歲闕悉擁房闥之供應芻豆料給减歸將領之從彼求如李牧以市租饗士种世衡以銀鈎教射者果何人哉是無憐乎營伍之不支也以士風言

之尚激甫則以忠厚爲迂闊務浮誇則以老成爲遲鈍孰知
新法之行程子以爲拂聖德之詩莞公以爲憂乎則流風相
高不免于太激者理所必然矣以風俗言之峻宇雕墻民廢
借公侯之分華衣美食禮儀無上下之章孰能蔬食布衣師
延於之儉放驕者樂畏楊綰之清乎則雖守禮之家亦不免
于侈靡者勢所必有也儲蓄之政雖當講也然督理之使吏
代不乏賞罰之典因循不舉簿書空存出納之數倉廩或無
顆粒之收是以一遇水旱而民之瑣尾流離者不能無蒙袂
之恥備禦之策雖未忘也然屯營之地棄爲汙萊伍戟之兵
役于鈴閣尺籍之逃亡過半民運之積欠甚多是以一有警
報而將之倉皇告急者不能無倚于之困夫此六者固皆王
政之大端今日之急務臣愚以爲欲勸農桑則當擇良吏以

爲之牧欲飭武備則當選良將以爲之帥欲正士風則當崇德行之科欲厚風俗則當嚴踰制之禁欲廣儲蓄則常平社倉之法不可以不舉欲固邊防則屯田鬻鹽之令不可以不修然又必君臣上下同志一德各任其責而後王道庶幾可行也臣歴觀前代見上有願治之君而臣不能將順以成之則悲其臣見下有輔治之臣而君不能推心以任之則悲其君

聖策所謂明良相遇道易交而志易行也斷乎不易斯言矣以漢唐論之董仲舒之對武帝嘗以王者當法天立道爲言魏徵之告太宗嘗以經亂之民愁苦易化如饑易食渴易飲爲言諸葛之佐昭烈又嘗以開誠心布公道爲本蓋皆庶幾王佐之才也然論治雖切莫挽江都之行納諫雖勤卒有仆碑之變籌策雖紓而不能復漢祚于既衰果可以爲明良相遇

乎以宋論之程子謂盡天道則可行王道謝良佐謂帝王之
功聖人之餘事有內聖之德必有外王之業張載謂君相以
父母天下爲王道不能推父母之心于百姓謂之王道可乎
蓋皆發明王道之旨也然洛黨之禍作而其道不用于時僞
學之禁嚴而其言不聞于上又可以爲明良相遇乎是知王
者之政必以道爲之用王者之心必以德爲之本使宋之君
能用周程張朱而行其言則德修道立三代之治未必不可
復興而惜其不能然也臣伏讀
聖策之終又有羨慕于王者之民至德之化且曰何施何爲而可
以臻此欲臣等詳著于篇而又寵之以
朕將採而行之之一言是導臣而使之言也臣敢不罄一得之
愚以爲

陛下告哉夫

陛下既銳志于王道矣而又曰信如與滯補弊之不暇有克舉之一又何擇于王伯哉何其先後顛倒而好尚不一也臣愚以爲行帝道而帝行王道而王其本惟在

陛下之一心誠與不誠之間而已心苟誠矣而不能行王道者未之有也心苟不誠矣而能行王道者亦未之有也臣願

陛下力學以養此心持敬以存此心親近儒臣以維持此心不徒謹飭于會朝清明之日而必涵養于

深宮閒燕之中不徒兢業于延接臣工之時而必矜持于親近暬御之頃淫哇之聲奇巧之色不以雜此心便嬖之言側媚之態不以誘此心神仙佛老之事不以荒此心圖書翫焉之技不以蕩此心土木遊田之娛不以勝此心宮室侈靡之奉

不以移此心而又遠邪佞邇忠貞嚚口利納遠猷審時宜以

立政定

國是以保邦信遠沸之爲恭思儆戒之可樂如堯之兢兢如舜之業業如禹之孜孜如湯之慄慄如文之亦臨亦保如武之毋怠毋荒若然則心誠而德可修德修而道可立道立而政可舉由是民富而邦本固矣財豐而國用充矣士習正而廉耻之節興矣民俗厚而朴素之風還矣蓄積日多而天災無足患矣邊防日固而外海無足虞矣凡天下之政有出于數端之外者皆不足以庠

聖心之憂將見天地位萬物育諸福之物可致之祥莫不畢至而陛下之所至樂者于是可遂矣苟心焉不正而欲行王道以望數者之效是猶操危艣而航大海乘敝輪而走長途求之愈深

望之愈遠豈不難哉臣學不足以稽古識不足以通今然圖之昔人今人主開求賢之路必將有聽言之實人臣遇得言之秋不可無獻言之誠懷此念而耿耿于中者久矣迂踈之見幸因

明問而發焉惟

陛下留神省覽倘以為可採而施之于治則

祖宗幸甚天下幸甚萬世幸甚臣干冒

天威無任戰慄隕越之至臣謹對

忠誠勿欺之章

癸未科嘉靖二年

皇帝制曰朕惟自古帝王欲成天下之治必順時揆事創制立法以盡天下之務顧世有升降而政之因革隨之唐虞三代所以致雍熙泰和之盛卓然可為萬世法程者具載諸經姑舉其大者論之如定禮樂明律曆疆理宇內設立庶官分田制賦興學養士與夫選舉考課之法兵戎刑罰之制其建立有本推行有序可歷指其實而言之歟後之稱善治者曰漢曰唐曰宋其創業守成亦多英君誼辟而考其治功所就終不及于古何歟豈致理之道固不專恃于法制歟先儒之論有曰善為治者必先有綱紀以持之于上而後有風俗以驅之于下信斯言也則君臣之間轉移振作宜莫急于此者三代而上無容議已自漢以來綱紀之張弛風俗之淳漓亦有可

古者歟抑斯二者相因而成又豈無所自歟仰惟我
太祖高皇帝肇造區夏創建宏規
太宗文皇帝中靖家邦纘述大統
列聖相承繼于
成憲益隆不替百五十餘年道洽政治蓋庶幾古帝王之盛朕嗣
祖宗鴻業撫臨億兆夙夜祗畏圖新治理而績效未臻和氣未應
其故果安在歟夫事必稽諸古而後有以驗夫因革之宜治
必端其本而後可以不紊夫先後之序此固君天下者所當
知也茲朕欲勵精有為期于化行俗美紹復我
祖宗之舊以上追隆古之治如之何而可子諸生皆學古通今明
于王道宜有以佐朕之不逮者其各殫心以對毋泛毋略朕
將采而用之

臣姚淶

臣對臣聞善治天下者固在乎立大法以為致治之具尤貴乎端大本以為出治之要何謂大法經綸政務之道康濟民物之方是也何謂大本人主一心所以宰政務而御民物者是也無是法則雖有願治之心而因革常患于失宜無是心則雖有圖治之迹而先後常病于無序如是而欲綱紀之正風俗之厚治功之善得乎故心所以宰制乎法而法所以推行其心法者治之具而心者治之要也得其要者固不可不求其具得其具者尤不可不先其要古之善治天下者無他焉亦惟循用此道而已矣後世之所以不古若者豈非徒恃乎法制以為治具而未能先正其本原以為治要歟欽惟

皇帝陛下以剛健純粹之資高明光大之學

入紹大統光濟前休啓中興之令圖開太平之昌曆嘉靖天下
以綱紀風俗爲慮進臣等于
廷而
賜之清問所謂知出天下而聽于至愚威加四海而屈于匹夫
可與爲堯舜可與爲湯武者也顧以臣之譾陋不足以賛
廟謨裨國論然而一得之愚亦安敢不爲
陛下效之乎臣惟人君膺天眷之隆而爲民生之主固不能舍法
以圖治亦不專恃法以爲治蓋四海至廣兆民至衆苟無法
以維持之則何以一其心志而使之各循其理何以息其爭
奪而使之各安其分故自古帝王欲一天下之治必順時揆
事創制立法以盡天下之務而定爲一代之規如禮以正名
分樂以格神人律以和聲曆以授時疆理宇內以柔遠能邇

設立庶官以代天任事分田制賦以足國裕民興學校以
惇化善俗選舉以興賢能考課以討吏治兵戎以禦外侮刑
罰以詰姦慝是皆治具之大所當修舉焉者雖世有升降政
有因革未有舍此而能圖治者也然禮樂教化由心而發典
章文物由心而著家齊國治天下平由心而推人君一心實
建立法制之一而推行之序必自此始焉先儒朱熹嘗論善
爲治者必先有綱紀以持之于上而後有風俗以驅之于下
又謂綱紀不能以自立必人主之心術公平正大無偏黨反
側之私然後綱紀有所繫而立蓋所謂綱紀者是辨賢否以
定上下之分核功罪以公賞罰之施所謂風俗者必使人皆
知善之可慕而是爲皆知不善之可羞而必去也君臣之間
苟知轉移振舉之機莫急于此宰執秉持而不敢失臺諫捕

察而無所私人主又以其大公至正之心恭已于上而照臨之則有所不爲爲之而無不成有所不革革之而無不服將見法制以綱紀之立而無頹墮廢墜之虞風俗以法制之行而無偷薄頑獷之習本末兼舉上下相因而天下之治于是乎成矣顧其張弛醇雜皆本于君心之能正與否此則治要之大尤當致意焉者又豈專恃乎法制哉臣伏讀

聖制蓋已深察乎此臣請以經之所載爲

陛下陳之夫禮樂之爲用大矣在唐虞則巡狩以修五禮典樂以諧八音在三代則大宗伯掌五禮以防民僞大司樂掌六樂以防民情蓋律諧天地而同節同和者也律曆之所關重矣

在唐虞則在璣衡以齊七政考聲而以察治忽在三代則五紀用序而時以定五音始備而聲以和蓋協乎陰陽而至精

至密者也封山濬川而五服之遠近規畫甚詳體國經野而九州之險易界限不紊此其疆理宇內載諸禹貢職方者可述也詢四岳牧而又分命九官以時亮天工訓迪公孤而又分命六卿以率屬倡牧此其設立庶官載諸舜典周官者可稽也咸則三壤成賦中邦此唐虞之田賦也貢夏殷助周則又而用之大學上庠小學下庠此唐虞之學校也夏校殷序周則鄉而舉之其選舉也翕受敷施九德咸事在于唐虞者如此而夏官所謂以德詔爵以功詔祿以能詔事以人與食者亦三代之常制也其考課也三載考績黜陟幽明在于唐虞者如此而天官所謂宰夫受日考小宰受月考大宰受歲考三歲則大計吏治而誅賞之者亦三代之盛典也以言其兵比閭族黨即伍兩軍旅之師蒐苗獮狩皆征伐擊刺之術

兹非兵制之善者乎以言乎刑皋陶爲士能體夫欽恤之仁吕刑有詰猶存夫敬慎之意又非刑罰之善者乎斯蓋帝王之治法真足以爲萬世之法程者也然而數聖人者皆得夫建立之本而不系于推行之序精一執中堯舜禹蓋以心法而相授是以任賢去邪罔惑于疑貳命德討罪允協于明威其綱紀在上者無不張矣當是之時黎民於變而萬邦咸寧臣庶協中而四方風動其致雍熙泰和之盛豈不宜哉建中建極商湯周武蓋以心法而相傳是以懋官懋賞必論其功德而私讒不得以苟容三宅三俊必任夫吉士而憸壬不得以相間其綱紀在上者無不張矣當是之時商邑周協而四方徧德時罔不變而允升大猷其致雍熙泰和之盛豈不宜哉三代而下雖有願治之君而于爲治之法或未能畢舉雖

有爲治之法而于出治之本或未能深探其治之不古若有由然矣在漢則創業如高帝中興如光武恭儉如孝文雄畧如孝武綜核如孝宣明察如明寬厚如章皆一代之賢君也用叔通之綿蕞歌磨山之樂章考落下閎之算法參司馬遷之律書建立郡國而統之以十三部省分中外而刻之以十六等輕徭薄賦而賜民田租臨雍拜老而講論問難與廉舉孝則見于元朔之詔考試功能則擬于丞相之課郡國有材官之設京師有南北之屯而内外足以相制次律令以示畫一除肉刑以全民生而仁恩足以勝殘其法制亦云備矣在唐則文武兼資有如文皇初政勵精有如玄宗剛明果斷有如憲宗皆一代之賢君也新禮修于房玄齡雅樂定于祖孝孫清聲作于開元曆法備于大衍因山川之形便而分道立

州倣六卿之率屬而限宮任才口分世業而井田之制尚存大召名儒而弘文之館肇立選人之途有四而主以二銓之法考功之善有四而差以九等之制建府立衛則假鄉遂之師矜恤慎獄則讞覆奏之令其法制亦云備矣在宋則仁孝欽遵有如藝祖克篤前烈有如太宗忠厚惻怛有如仁宗皆一代之賢君也有禮圖纂義諸書有平晉大安諸樂和峴論鍾律而胡瑗范鎮之說迭興司天修曆法而頒天乾元之名繼作建官始于乾德而元豐則又新之分路始于太宗而神宗則又增之履畝制税而限天下之田興學育材而崇蘇湖之教踵唐規以銓試而益以律令經義之條設磨勘以遴廷而主以審官考課之院設禁兵以備宿衛列廂兵以隸諸州而軍刑亦詳頒恤刑詔于天下置審刑院于禁中而刑獄不

濫其法制亦云備矣夫法制雖備而世主無正心之學不隨
詩書尊尚黃老習于刑名惑于符讖而七制之心術已荒首
後浮屠行廢人倫眈于聲色溺于佛骨而三宗之心術已壞
陳橋啓祚金匱渝盟或矯誣不明或剛斷不足而宋世人主
之心術亦未有能自正者是以當時之治賞者未必有功而
罰者未必有罪上者未必皆賢而下者未必皆不肖舉其大
者言之如疏賈誼而親鄧通外汲黯而內平津王吉謝病而
恭顯用事韓歆被譴而子密受封漢之綱紀豈能盡正哉信
不能保魏徵之直而許敬宗得以列于朝明不能燭林甫之
姦而張九齡無以安其位李絳與吐突承璀而並進裴度與
皇甫鎛而兼用唐之綱紀豈能盡正哉竇儀以宿儒受知而
盧多遜之憸邪則棄之黨柴禹錫以上變見用而王禹偁之

抗言則非之容歐陽修論朋黨而無益于去留范仲淹抑僥倖而不勝其譏謗宋之綱紀又豈能盡正哉夫上下之分不定而賞罰之施未公則法制何自而立風俗何自而厚乎故西漢之風俗雖曰以經術爲尚然觀德色誶語之策四方逆賊之奏則所謂薄惡者亦有之矣東漢之風俗雖曰以節義爲尚然觀朱穆崇厚之説潛夫浮侈之篇則所謂澆靡者亦有之矣唐人尚詞章此風俗之近浮者也觀正俗之風與獨行之傳而有以知唐世之多僻宋人尚理學此風俗之近古者也觀明禁之文與閔俗之論而有以知宋俗之不淳上無綱紀以待之下無風俗以驅之故漢之治效蓄積歲增戶口蕃息禁網疎闊刑罰太省可以言治矣而不免有雜霸之弊唐之治效斗米三錢牛馬被野民物阜蕃四夷降附可以言

治矣而不免有雜夷之弊宋之治效刑以不殺爲威財以不
蓄爲富兵以不用爲功人才以不作聰明爲賢可以言治矣
而不免有武畧不競之弊失其本原而徒恃法制果可以爲
治哉仰惟我
太祖高皇帝肇造區夏創建宏規
太宗文皇帝中靖家邦纂述大統
列聖相承益隆不替道配帝王而治超近古豈無道以致之哉臣
嘗莊誦
太祖高皇帝之聖訓矣如曰人主平心治化之本存于中者無堯
舜之心欲施於政者有堯舜之治决不可得也又曰法度縱
弛當在更張使綱紀正而條目舉其要在明禮義正人心厚
風俗以爲之本大哉

王言一哉

王心而又持之以敬

天愛民之誠勵之以求賢勤政之志究心于洪範之學垂情于德

義之書故能闡邑鴻業損益百王如命牛諒制禮命陶凱定

樂而中和之用著正胡元之聲須大統之曆而陰陽之候調

内設京畿外列藩省而疆理有方首明職掌次辨禮儀而官

規有叙差土田之高下以定賦稅而酌輕重之宜立府縣之

學校以明彝倫而廣絃誦之化以經術取士而選舉精以年

資叙遷而考課實以五府治軍而揔于本兵則兵政有統以

六律論刑而參以

大誥則吏治不苟信所謂端其大本而立其大法矣則其復古帝

王之治而陋漢唐宋于下風者端有自哉是以綱紀正而風

俗厚法制舉而治化隆百五十餘年于玆然成者易毀亂者
必濫加以正德以來權姦蠹國而法令滋章
陛下應期而興適承其後此正
社稷安危之機生民休戚之端君子小人進退消長之際天命人
心去就離合之時臣謂
聖祖在天之靈不能無望于
陛下之大有爲也昔者
踐祚之初
改元一詔萬化俱新如徵耆舊以表名德登才俊以典事功容
直諫以開言路斥倖佞以敦士習誅姦逆以昭邦憲褒忠直
以勵世風蠲逋負以甦疲瘵洗煩苛以釋寃滯剔蠹弊以備
貨財清冐濫以惜名器滌瑕以德消沴以和改紀其政而綱

紀振于上卑訓其大而風俗移于下由是海隅蒼生莫不翹首以望太平傾心以觀至化正如天地久否忽泰則平日月久晦忽開則明雷霆久蟄忽震則驚雲霧久鬱忽廓則青豈非臣民之一快哉以

陛下功烈之盛化理之隆雖商宗周宣何以遠過然邊陲戒嚴而盜賊竊發乾象失度而災異頻仍績效未臻和氣未應信有如

陛下所慮者雖修省之詔屢下而消弭之效未聞

陛下豈得晏然而已乎臣愚以為事必稽古所以立法也所謂禮樂律曆之類皆法之所寓也

陛下誠能以稽古為今遠宗帝王近法

祖宗則典章經制因革適宜大法可立而治具彰矣治必端本所以正心也所謂綱紀風俗之施皆心之所推也

陛下誠能以端本爲先委任大臣聽用臺諫則綱紀風俗先從有
序大本既端而治要舉矣夫如是則大化神明而鴻恩博洽
績效何患于弗臻日月貞明而雨暘時若和氣何患于弗應
陛下求治之心不至是而有懇者乎抑臣猶有説焉蓋天下之治
統于人主之心而人主之心天下之所共賴者也心存于正
則事無不正而天下蒙其福心蔽于邪則事無不邪而天下
與其憂
陛下知所以正心矣臣特慮夫操存之甚難而察識之未至耳何
者一心之微攻之者衆六宮備玉食之奉九御儼紫庭之列
繁聲或足以悦耳采色或足以娛目嬖倖或希意以逢迎邪
私或乘間而浸潤寶玉遠物或以開貢獻之門玩以細娛或
以肇盤遊之端一[illegible]之[illegible]起或以貽晏安之漸一言之輕信

或以來諛佞之媒一熱乘快命令之所由輕一恩之濫施
僥倖之所由啓凡此數者皆足以害治者也倘少忽焉臣恐
聖心虛明而靜一有不得如前日者矣臣願
陛下戒之慎之深維前事之鑒永爲克終之圖涵養善端培植治
本幽獨得肆之地而所以持之者必嚴紛華波蕩之中而所
以鎮之者必固愛憎易徇之情而所以矯之者必力甘美可
悅之言而所以防之者必深以聖人之訓爲當從以先王之
治爲可法總天下之智以助聰明而于視聽無所蔽順天下
之心以施號令而于取舍無所私朝夕夢寐有四海蒼生之憂
宵旰經營存萬年
宗社之慮如此則本原之地日益澄澈是以帝王之道而圖帝王
之功以

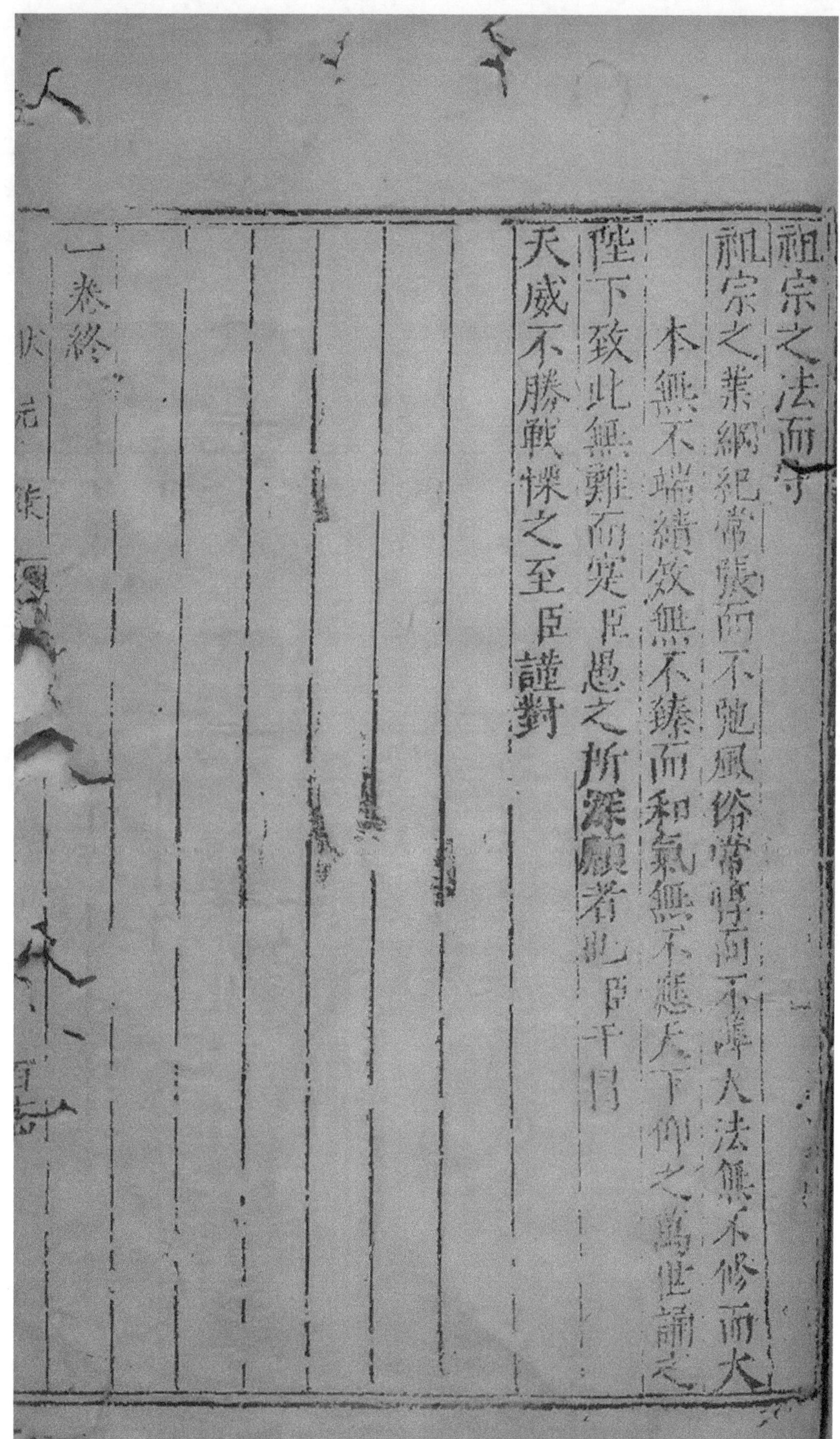

祖宗之法而守
祖宗之業綱紀常振而不弛風俗常淳而不薄大法無不修而大
本無不端績效無不臻而和氣無不應天下仰之爲世誦之
陛下致此無難而寔臣愚之所深願者也臣干冒
天威不勝戰慄之至臣謹對

一卷終

歷科廷試狀元策　地集

乙丑狀元　滄園　焦竑　編集

己丑榜眼　晉谷　吳道南　校正

辛巳科正德十六年

皇帝制曰朕惟自古人君臨御天下必慎厥初而爲其臣者亦未嘗不以慎初之說告之蓋國家之治忽君子小人之進退世道之否泰其機皆繫于此誠不可以不慎也然觀之詩書所載則亦不能無疑焉舜正月上日受終于文祖首察璣衡以齊七政而類禋望徧之並舉觀天交神庶政固在所先矣異時月正元日格于文祖詢四岳闢四門明目達聰惟恐或後且進十二牧而歷咨之豈聽言用人又在所急歟太甲元祀祇見厥祖伊尹明言烈祖之成德以訓于王是天下之政無

大于法祖宗矣高宗恭默思道傅說告之尤惓惓遜志時敏之務典學亦豈容緩與成王即位周公作無逸舉三宗以勸之惟以畏天愛民爲主訪落一詩乃又以盡下情守家法爲說立政一書又以三宅三俊爲不可忽終之無誤庶獄爲重意固各有在歟抑又有可疑者禹受命于神宗不旋踵會羣后誓師征苗康王率循天下人臣進戒首以張皇六師爲言他務未遑顧以兵事先之何歟若乃爲祗承于帝有精一執中之傳湯黜夏命有克綏厥猷之任武王勝殷訪洪範于箕子踐阼授丹書于尚父且退而几席觴豆刀劍戶牖莫不有銘則又爲世道學淵源所自來可以尋常政事目之也然則人君慎始之道果孰有外于是歟漢唐宋以來其君臣之間蓋無足與于斯者然一代之治功論議亦不可泯觀夫求端

于天之策治審所尚之疏尚德緩刑之書湯滌煩苛之奏與夫先天要說之十事奉天罪己之一詔元祐修德爲治之十要淳熙謹始自新之十目皆于初政深致意焉其與十漸之慮五始之義三卿序進授策之戒指歸所在其果無大相遠歟夫人事有本末物理有始終王道之設施固有先後端本所以治末謹始所以圖終施之宜先則不可以少後皆治體所關甚大不可以苟焉者何衆說不能以皆一歟朕奉

天明命嗣承

祖宗大統臨御以來釐革弊政委任舊臣凡夫敬

天法

祖修德勤政求賢納諫講學窮理節財愛民諸事惟日孜孜次第舉行取無逸中嘉靖殷邦之一語建號紀元方將體元居正

以求儷美詩書所稱帝王熙明之治特進爾多士于廷咨以
慎初之道爾多士其尚酌古準今稽經訂史明本末之要審
先後之序悉意敷陳用輔朕維新之意

臣楊維聰

臣對臣聞帝王之御天下也有治法有心法酌其因革制其
緩急足以周天下之務立天下之綱是謂治法根于躬行原
于心得使其出之而有本運之而不窮是謂心法治法不備
則施爲洪纖之間乖謬舛錯必無以成治苟治法善矣心法
或未當焉則科條雖具品式雖詳亦彌文粉飾而未必徵之
實事勉強一時而不能持于悠久雖欲言治皆苟而已故心
法存于內以爲之本治法施于外以爲之用本端而末治體
立而用行斯爲治不易之常道也況人君臨御之初天命眷

顧方新人心觀望方切治忽否泰之機皆此焉繫所以慎其初而圖其終者可不加之意耶是故精心法而舉治法三代以上之所以善治也心法不純而治法亦有所未備三代以下之所以治不古若也然則今日慎初之道寧有外于是二法哉欽惟

皇帝陛下睿智天挺

仁孝夙成昔潛藩邸之時已繫元元之望一旦

龍飛虎變御極當天宵旰孜孜勵精圖治任耆舊之臣養積習之與天下之人莫不延頸舉踵觀政聽風思見德化之成臣以草茅首家

賜對雖至愚陋不足仰承

休德而喜慶之深敢不掇拾舊聞對揚

濟聞之萬一臣惟人君之治天下有機焉識治勢者乘其機以
爲之則力不勞而功可成所謂機者初是也蓋臨御之初好
惡未著雖有邪佞之臣卒然不敢售其奸唯左右觀望一有
隙焉即揣以所好人君惟好之欲也于是溺其所可樂忘其
所可懼而後彼得以肆天下之事將遂債焉以至于不可爲
誠自其初謹之不墮于小人之計小人亦洗心滌慮唯正之
趨矣是故識其機者慎其初不慎其初不識其機也識其機
則國家由之而治君子由之而進世道由之而泰不識其機
則治者忽進者退泰者否矣其關係豈小小哉太甲初嗣位
伊尹告曰今王嗣厥德罔不在初成王初營洛召公告王若
生子罔不在厥初生自貽哲命自古人君臨御天下率以慎
初爲事臣之賢者亦未嘗不以慎初之說告之也臣請稽經

訂史册

聖制所及者條陳之舜攝位在璿璣玉衡以齊七政而覲天之道盡類上帝禋六宗望山川徧羣神而交神之禮舉及其即位詢四岳闢四門明四目達四聰務進賢以决壅蔽之患且進十二牧而歷以五事咨之務用人以賴熊理之益伊尹作伊訓明言烈祖之成德以訓太甲蓋逆知其欲敗度縱敗禮顛覆湯之典刑故以法祖為說高宗以交修命傅說說告之曰惟學遜志務時敏厥修乃來則以君德既修然後大臣可舉其職也周公作無逸以訓成王舉殷中宗高宗祖甲畏天愛民之事欲其知小人之依以為祈天永命之本成王朝廟聽政思先人顧託之重乃作訪落一詩延羣臣以盡下情率昭考以守家法立政一書周公戒成王以任用賢才之道始以

宅俊爲不可忽而終之以無誤庶獄爲重使王尤知刑獄之可畏必專有司牧夫之任而不以己誤之也若夫禹受命神宗不旋踵會群后誓師征苗康王率循天下召公進戒首以張皇六師爲言似若忽内而重外者然聖人之治固不因外以廢内亦不因内而遺外有苗弗率民棄不保禹承舜命安得不征之然班師振旅誕敷文德卒格于干羽兩階之化周至康王三葉矣承平既久玩愒隨之老臣愛君得不以張皇六師爲戒且張皇云者亦圖之常政寓伍藏于井伺陳法講于蒐獮巡邊四征寓于巡狩會同徹運寶闔器械嚴紀律而已非若後世守文者以兵爲諱喜功者則又窮兵黷武之失也夫三代以上之君臨御之初莫不急所先務其治法可謂舉矣至其心法之所存則尤致意焉是故又心惟危道心惟

微惟精惟一允執厥中禹之祇承于帝也惟皇上帝降衷于民若有恒性克綏厥猷惟后湯之自任于己也武王之始克商也訪洪範于箕子初一曰五行次二曰敬用五事次三曰農用八政次四曰協用五紀次五曰建用皇極次六曰乂用三德次七曰明用稽疑次八曰念用庶徵次九曰嚮用五福威用六極其始踐阼也又訪丹書于太公曰敬勝怠者吉怠勝敬者滅義勝欲者從欲勝義者凶退而凡席觴豆刀劍戶牖莫不有銘夫武王之皇極敬勝義即成湯之綏猷即禹之中心法之相傳精神之相契有以開萬世道學之淵源立政非此無以為立之之本寧事非此無以為寧之之要慎初之道莫有先于此者可以尋常政事目之哉自是而後若漢若唐若宋不足與于斯矣安馬上之習者不事詩書修玄默之

德者崇尚黄老投戈講藝息馬論道矣溺心圖讖之説父事三老兄事五更矣專爲章句之習以至鋭情經術而闔門講德禮延文儒而聲色羔心曰心無邪曲頗任智術以成功曰重道崇儒至指道學以爲黨心法之傳寥乎未有聞也故其爲治法也或駁焉而不純或行焉而有所不盡然當時群臣之論議則深有可取者董仲舒對策于武帝之初曰王者求端于天欲人君任德不任刑匡衡上疏于元帝之初曰治天下者審所尚欲朝廷崇禮而敎讓宣帝刑名繩下路温舒以尚德緩刑勸之帝帝承永平後陳寵以蕩滌煩苛勸之漢之臣致意于新政者如此惜乎其君無能以行之也玄宗開元之初姚崇以十事要説曰政先仁恕曰不倖邊功曰法行自近曰宦豎不與政曰罷賦外之征曰戚屬不任臺省曰大臣

接之以禮曰群臣得犯忌諱曰絶營造曰排擯戚倖宦寺
之難陸贄勸下罪己之詔曰天譴于上而朕不寤人怨于下
而朕不知痛心靦面罪實在予使狂將捍卒聞之無不感激
揮涕唐之臣致意于新政者如此惜乎其君行之而不盡也
呂公著當哲宗之初嘗上十事于朝則畏天也愛民也修身
也講學也任賢也納諫也薄斂也省刑也去奢也無逸也朱
熹當孝宗之初擬上十事于朝則講學以正心修身以齊家
遠便佞以近忠直抑私恩以抗公道明義理以絶神姦擇師
傅以輔皇儲精選任以明体統振綱紀以励風俗節財用以
固邦本修政事以攘夷狄宋之臣致意于新政者如此惜乎
元祐行之而不終淳熙擬之而未上故當時之治卒莫能底
于善也由諸臣之建白觀之雖言人人殊其視十漸五始三

卿序進授策之戒指歸所在亦無大相遠者盖魏徵十漸之慮以太宗初寡欲而今市駿馬初護民而今用民力初役已而今縱欲初親賢而今近奸初賤異物而今進難得初崇士而今任好惡初絶田獵而今事馳騁初達群情而今多間隔初求治而今恃勢初撫寧而今勞獘所以慮不克終也正始之義則春秋之必書元年春王正月公即位者以元者氣之始春者四時之始王者受命之始正月者政教之始即位者一國之始前見所謂三卿序進授策則天子即位上卿進除患爲福之戒而授一策中卿進慮事慮患之戒而授二策下卿進敬戒無怠之戒而授三策所以欲人君謹乎始也盖與諸臣之所建謹始圖終者一矣考上下數千年間君臣圖治之説既有所謂心法又有所謂治法而其爲治法之説又

或天或祖或君或民或內或外或彼或此棼然其不能齊猶也天下之理固有大分而于其中又各自有界限必析之精以極其精而不亂然後合之有以盡其大而無餘故以心法對治法言之心法人事之本也物理之始也又于治法之中以事之大且急者對事之小且緩者言之大且急者人事之本也物理之始也君人者欲端本以治末謹始以圖終其設施之序心法固所當先而治法之大且急者亦奚容以或後聖君賢臣唯有見于此故執中綏猷洪範冊書與夫典學之說修身講學之說正心齊家之說直指乎心法之源而其他政事之說亦就治法之中因其時之所宜據其勢之所至順其理之所在指其大且急者言之也又奚必其詞之同哉臣

竊觀

陛下踐阼之初責成輔臣獎納臺諫凡弊政之所當革者革之無

不盡凡舊章之所當遵者遵之無不篤其于敬

天法

祖修德勤政求賢納諫講學窮理節財愛民諸事固次第舉行之

矣厲精之實發于

即位之一詔中興之志著于嘉靖之紀元凡在覆載之間稍有血

氣之屬莫不以殷宗周宣爲望乃猶不自滿假于

聖側之終曰方將体元居正以求儷美詩書所稱帝王熙明之治

而欲臣等悉意敷陳以輔維新之化即此觀之臣有以知

陛下必爲殷宗周宣無疑矣臣之所以爲獻者亦惟願不失此機

而已何則數年以來法度廢弛天下之事已極于弊

陛下一起而新之百官承德者曰奮人心望治者方切此新天來

命之時可以有爲之會也秉此機以爲之矢志川决殆無難
者在
陛下加之意而已近世人君孰無願治之心然或卒不逮焉豈皆
力之不足亦其初之不慎也
陛下欲求慎初之道則心法治法爲可不加意哉是故精察一守
以執中肇修人紀以緩猷遜志時敏以典學建皇極以序九
疇戒色欲之勝敬義正心以修身修身以齊家則心法得之
矣克謹天戒以畏天監于成憲以法祖親賢遠姦以致治早
朝晏罷以勤政明揚側陋以求賢虛懷受言以納諫節財以
制國用愛民以固邦本慎刑憲以恤人寃詰戎兵以防邊患
則治法得之矣有心法以爲治法之本有治法以爲心法之
用本末不差先後有序而謂美不儷于詩書治不隆于熙洽

豈理也哉慎初之道如是而已雖然非初之難而終之難也
陛下以慎初爲問臣既陳之矣至于圖終之說臣敢復爲
陛下言之易曰天行健君子以自强不息天之行也一日一周而
明日又一周未有一時之息健故也唯其健也故四時萬物
皆得順其序遂其生使君子自强之健于天少不似焉則幾
成而復壞未久而已息何以成其治哉然所謂健治者非血
氣之謂又以心爲之本
陛下詠求之心日御
經筵講求至理以學養此心整齊嚴肅主一無適以敬存此心
延見公輔親近儒臣隨時便殿時被顧問以君子維持此心則
聖心湛然義理爲之主而物欲不能奪其健即乾矣又何不終之
足患哉伏惟

陛下深晋聖意以無失今日之機以無負今日之望以無忝今日

改元之意則生民幸甚

宗社幸甚臣干冒

天威無任戰慄隕越之至臣謹對

丁丑科正德十二年

皇帝制曰朕惟羲農以下之事見于經秦漢以來之事見于史見于經者皆聖賢爲治之亦見于史者亦當時君臣相與隨時而成治者也然儒先君子之論則曰帝王以道治天下後世只以法把持之而已信斯言也豈帝王之治一以道而不以法後世之治一以法而不以道歟自今觀之如畫野分州設官分職明禮樂興學校正律曆秩祭祀均田賦通泉貨公選舉嚴考課立兵制慎刑罰則帝王之治天下固未嘗不以法也天性明達寬仁長者躬修玄默以德化民恢弘大度同符高祖事從寬厚文以禮樂畏義好賢力于爲善聰明果決得于天性寬仁多恕心無邪曲恭儉仁恕忠厚惻怛則後世賢君之治天下亦未嘗不各有其道也然則儒先之論殆亦有

不足盡信者歟洪惟我
太祖高皇帝創業垂統治定功成
聖子神孫萬代知見其治道之高明治法之弘遠直可以等帝王
而上之矣然而帝王廟祀立于京師自昔忠良多與配享雖
以勝國之世祖而亦獲秩祀焉豈非以後世之英君誼辟其
政治亦猶有可取者歟朕膺
天眷命嗣守鴻業臨政願治蓋十有三年于茲矣然遠師帝王之
道而望道猶有所未見近守
祖宗之法而行法猶有所未逮其故安在子大夫積學待問久矣
其為朕據經史兼本末詳著于篇朕將采而用之而以資于
治焉

臣節芬

對臣聞天下無法外之治帝王無道外之法蓋道者出治
之本法之體也法者爲治之具道之用也使道有未純則所
以立法者義必不精利必不盡雖能行于一時而未可以通
于萬世法有未善則所以爲治者化必不洽澤必不周雖或
致夫小康而終不足以望雍熙太和之盛故論治而謂不以
法非知治者也論法而謂不以道非知法者也古之帝王全
于躬行心得者既有以建天下之極見于典章制度者又有
以盡天下之情故功業之盛上下與天地同流而非後世之
所能及也秦漢以來非不有法也顧皆小補罅漏而不知先
王立法之原亦非不有道也乃其天資偶合而不聞先王大
道之要尚何望其治效如古昔之隆也哉然則治之不能外
法法之不能外道蓋有確乎其不可援者矣恭惟

皇帝陛下篤于求道審于行法勤于致治

踐阼以來嘗三親策多士矣始之以法天法

祖蓋篤于求道之心也繼之以文武兵農蓋審于行法之心也又

繼之以大學衍義之問蓋勤于致治之心也茲于

萬幾之暇復進臣等于

廷兼是三者之心俯

賜策問惓惓焉若有所不足而欲益臻其極者臣雖愚陋敢不

對揚

休命于萬一乎臣聞羲農治之極也堯舜道之至也三代法之

備也言治極則法之善可知言法備則道之純可知故孔子

繫易始于伏羲則十三卦之制器利用以法而存乎道者[illegible]

書斷自唐虞則二典之所載時雍風動以治而[illegible]

詩而備于文武則天保以上治内采薇以下治外是又以道
而顯設之于法也子思曰仲尼祖述堯舜憲章文武朱熹釋
之曰祖述者遠宗其道憲章者近守其法豈堯舜不足于法
而文武猶有病于道耶蓋舉道則法以着舉法則道以存故
朱熹又曰皆該内外兼本末而言也由是言之道與法非判
然二物也明矣
聖制以爲儒先君子之論則曰帝王以道治天下後世只以法把
持之而已信斯言也豈帝王之治一以道而不以法後世之
治一以法而不以道歟
聖慮深遠臣愚何足以知之然竊惟帝王之與後世其爲道不同
而其爲法亦異帝王道足以創法法足以善治故專謂之道
蓋道即法之所從出也後世之于道或偏而未全或駮而未

純則其所恃以爲治者獨法而已故專謂之法蓋法始有不
本于道者矣請因
聖制所及以凡經史所載道與法者敬詳陳之聖人理天下使物
各得其所爲極至故其盡制曲防莫非美意存焉今舉其大
者若黃帝之畫野分州舜肇十有二州禹別成五服咸則三
壤商人肇域四海以建諸侯周人以九州之地建三等之國
而分田以定賦者或五十而貢或七十而助或百畝而徹皆
以什一爲中正則封建井田之法于是乎立矣伏羲以龍紀
官神農以火紀官黃帝有天地四方之官唐虞建官惟百夏
商官倍其數周官三百六十統于六卿而敷奏明試三考黜
陟典夫六計八職八柄之政亦行乎其間則建官考課之法
于是乎詳矣親疏貴賤之有體郊社禘嘗之有儀咸英韶護

之有銅璇璣玉衡之有具塾庠序學秀選俊造之有等則禮
樂律曆學校選舉之法無一之不備也九賦以爲斂九式以
爲節五刑以爲詰八刑以爲糾弧矢以示威伍兩卒旅軍師
以畜衆則財貨兵戎刑罰之法無一之或缺也所以然者羲
農黃帝皆以神聖之德繼天而王堯舜禹湯文武數聖人者
或克明俊德或溫恭允塞或肇修人紀或緝熙敬止或重民
五教道無不純而法于是焉出不然亦安能心代天意身代
天事妙化導之機而極制作之善若是哉故曰帝王以道治
天下而臣謂道即法之所從出者于是可見矣後世賢君若
漢高之天性明達寬仁長者以創漢家之業文帝之躬修玄
默以德化民而致後元之治光武之恢廓大度同符高祖成
中興之功章帝之事從寬厚文以禮樂濟永平之政唐太宗

之甚義好賢力于爲善速致太平憲宗之聰明果決得于天
性卒平禍亂宋藝祖之寬仁多恕心無邪曲而有以易五季
干戈之亂仁宗之恭儉仁恕忠厚惻怛而有以開元祐炎興
之運誠如

聖制所謂亦未嘗不各有其道也但此之謂道不過天資之近似
耳就而倫之則惡聞詩書崇尚黃老溺圖讖以蹈封禪之非
之剛斷以脩城門之黨以至天倫斁德異術荒心任智謀以
成功聽讒毀以廢后帝王純粹之道果如是乎道既未純則
法之所立宜乎其不能盡善也故漢初三章之約律令之次
章程之定與夫侯國之封所謂磐石之宗犬牙相制者規模
亦宏遠矣然不革秦習不任周政所以治雜于伯其後禍難
屢起亦非法之所能防也唐以六典建官以租庸調取民

學舍生員以養士矣夫以府衛治兵所謂居重馭輕至矣
不在邊者節目亦詳盡矣然大綱不正督風相襲所以治雜
于夷其後變故最多屢壞而不可支也宋人重儒術愛民
力以文臣知州以朝臣知縣以京朝官監臨財賦與夫通判
縣尉之置要皆以收方鎮之權所謂混一天下亦長慮而却
顧矣然武備頹衰成功亦小國勢日以積弱莫能善其後也
故曰後世以法把持天下而已謂法之不本于道者夫豈不
然耶以是觀之則道二有純否而法隨之法有善否而治因之
孰謂爲治可以無法而立法可以不本于道哉洪惟我
太祖高皇帝膺
天眷命用夏變夷一代經制之備真足以匹休帝王而開
聖子神孫萬世之太平矣觀夫京畿諸道之建置

宗藩列爵之世封内則罷丞相而設府部外則罷行省而設三司有

大明官制以定其員有諸司職掌以定其守

命官儀禮則吉凶軍賓嘉之禮有其等矣而又有太常神樂諸署以習其器數聲容焉内設國子監以教天下之英才外設府州縣學以育民間之俊秀經義之制定而士無詭異之談科貢之制行而上有彙征之望以言乎律曆則造曆有官而閏餘歲差之有定司天有臺而休徵咎異之並占且謂至元辛巳之曆漸遠以應遠以洪武甲子之歲肇起曆元律曆之正何如哉以言乎禮則郊廟儀物典于太常小而爲事品節詳于禮部而五嶽鎮海瀆之神號革前世不經之濫名帝王陵墓三歲一

降香祀之先代賢臣惟以當時官爵稱之

二二四

祀典之正何如哉謂田賦不均非所以遂民生也
國初丈量田畝以御燕併清理田糧以防姦偽且視土地之肥
墝以爲稅科之輕重是雖非井田也不幾于什一之中正乎
謂泉貨不通非所以資國用也
國初因桑穰之墝而鈔法甚嚴置寳源之局而錢法再變茶馬
鹽課之利則以助軍需商稅魚課之辦則以防國費是雖非
帑餘也不幾于九府之圜法乎禮部以科舉之式選士必嚴
貢舉非人之律吏部以銓選之法選官復有推陞保舉之例
其選舉之公彷彿乎虞周明揚賓興之盛也給由雖有常期
而所以爲黜陟者復稽其旌異之典紀錄之册焉考覈雖有
通例而所以校才能者復稽其歷任之久暫地方之繁簡焉
其考課之嚴頡頏乎虞周三考六計之詳也以兵制言之既

有親軍諸衛以衛宮禁復有隸府諸衛以衛京城既有都司
留守司以衛一方復有各衛守禦所以衛郡邑且府衛之所
職掌雖各有司存而軍政之樞機實由于兵部蓋統重馭輕
之中寓防微杜漸之意此我
聖祖親歷戎行灼知古今利病而爲是良法昔人謂其軍政有統
真知言哉以刑罰言之
大明律之綱有六而其目止于四百六十
大明令之綱亦有六而其目止于百四十有五焉是雖因唐制而
定五刑其間別比類異簡而易遵明而易曉蓋我
聖祖斷自
宸衷務在直言其事庶幾使人易知而難犯昔人謂其有象刑
欽恤之仁真知言哉夫一代經制之備如此豈偶然而致之

哉孟有本于其間矣臣嘗從誦

聖祖之言有曰朕求帝王之治莫盛于堯舜然觀其授受在允執厥中又曰人君一心治道之本存于中者無堯舜之心而欲施于政者有堯舜之治不可得也大哉

王言非真有得于帝王之道能如是乎宜其創制立法盡善盡美于以致雍熙太和之治直等帝王而上之矣

聖制又謂帝王廟祀立于京師自昔忠良多與配享雖以勝國之

世祖而亦獲秩祀焉豈非以後世英君誼辟其政治亦有可取者歟蓋自洪武六年定歷代帝王之祀自伏羲以至元世

祖凡十有六君皆以開基創業大有功德于民耳若周文王雖基周命終守事商之節唐高祖雖君天下皆賴太宗之功故不祀焉伊尹之告其君曰七世之廟可以觀德

聖祖秩祀帝王之意不在茲乎二十一年定名臣從祀自風后以
至赤老溫凡三十有七臣皆以其始終全節與有功德于民
耳謂宋趙普雖曾有微勞然實深負于藝祖元安童雖信有
勳德然雖並列于先臣故不祀焉盤庚之告其臣曰茲予大
享于先王爾祖其從與享之
聖祖秩祀名臣之意不在茲乎故程頤之論治獨歸于帝王而常
不足于後世者天下之公言也
聖祖之秩祀並隆于帝王而亦不遺于胡元者
王者之弘度也且以前世功德固有當崇而後人鑒戒亦有攸視
聖意抑何深遠哉
聖制之終有曰遠師帝王之道而望道猶有所未見近守
祖宗之法而行法猶有所未遂其故安在且欲臣等論著于篇將

采而用之以資于治臣雖愚陋敢無一言以對而徒違詔旨道則至矣盡矣治則已臻皇極法則無可議者矣獨不有以來曲學之誚而上負

聖明待士求言之意哉臣竊觀今日之天下州野如舊而民生之憔悴日甚官職如舊而事功之廢弛日甚禮樂如舊而奢僭漸形和氣未洽也學校如舊而道術漸乖士習未端也律曆正矣而能以災異當畏爲

陛下陳之者謂郊祀與正矣而能以異端當戒爲

陛下問之者謂數田賦之均如舊也而額外之征求無已泉貨之通如舊也而關市之稅課日增選舉之法具存而賢才之踈遠者未伸考課之法具存而庸劣之在位者未去兵制雖不改乎舊也然強壯役于私門恩賞奪于有力其能弭怨讟之

叢積乎刑罰雖不改乎舊也然怙終之罪不加羅織之風未
已安能止物議之沸騰乎夫以天下之事每每如此則是
聖祖之法雖善而今之所存者蓋文具耳孟子曰徒法不能以自
行意者
陛下之望道誠有所未見歟臣願紓其所欲言以副
陛下之所欲聞而無復有所隱也竊惟帝王之道大矣臣愚不能
究極今
陛下以程顥之言爲問臣亦敢以程顥之言爲獻其言曰爲政須
要有綱紀文章此卽臣所謂無法外之治是也又曰必有關
雎麟趾之意然後可以行周官之法度此卽臣所謂無道外
之法是也
陛下誠能重人倫之始審王教之端如文王之雝雝在宮無斁亦

保則關雎之化其庶幾矣圖
國祚之綿洪訏
宗祧之嗣託始文王之振振公子以來姬孫則麟趾之化其庶幾矣關雎麟趾之化成則至于兄弟御于家邦而道無不純有以匹休帝王而增光
祖宗之道矣道既在我則不闕亦式不諫亦入而法無不善有以匹休帝王而增光
祖宗之法矣夫道無不純則風化皷舞者有其機法無不善則轉移闔闢者有其具致
祖宗帝王之盛治又何難哉是則
陛下之所宜加意者誠不在于多方也伏願少垂
天聽克廣德心不以臣所陳之言爲謬而聽之惟聰不以臣所言

之宜爲勞而行之惟力於持敬是不少間斷於

清燕之優游無異于

大庭之臨涖便嬖之使令不忘乎儒紳之奏對則適明總法可

尋治可久

宗社幸甚天下幸甚草野之人不識避諱冒干

天威無任隕越之至臣謹對

甲戌科　正德九年

皇帝制曰朕惟大學一書有體有用聖賢之淵源治道之根柢也
宋儒真德秀嘗推衍其義以獻于朝我
太祖高皇帝特命左右大書揭之殿壁朝夕觀覽每與侍臣形之
論說
列聖相承罔不崇信朕初嗣位經筵儒臣首以進講其書大綱有
二先之以帝王爲治之序次之以帝王爲學之本又以格物
致知誠意正心修身齊家之要分爲四目序列于後以示學
者用力之地夫學體也治用也由體達用則先學而後治可
也顧以治先于學于義何居其爲治之序蓋前聖之規模後
賢之議論皆在焉比而論之無弗同者而帝王之所爲學則
有不同堯舜禹湯文武純乎無以議爲也高宗成王其庶幾

乎下此雖漢唐賢君亦或不能無少悖矣又下則其謬愈甚不過從事于技藝文辭之閒耳無惑乎其治之不古若也凡此皆後世之鑒可能歷舉而言之乎抑衍義所載不及宋事不知宋之諸君爲治爲學亦有可進于是者乎朕萬幾之暇留意此書蓋欲庶幾古帝王之學以增光我

祖宗之治勵志雖勤績用未著家國仁讓之風用人理財之效視古猶歉豈所以爲治者未得其本乎夫爲人臣而不知大學無以盡正君之法子諸生講明是道久矣行且有爲臣之責其爲朕悉心以對毋泛毋略朕將親覽焉

臣唐皋

臣對臣聞帝王有先後相因之治有本末相須之學蓋治有先後之相因用之根于體也學有本末之相須體之達于用

也帝王之治必親于學帝王之學必達于治治不根于學則有苟且之治而非帝王之所謂治矣學不達于治則爲一偏之學而非帝王之所謂學矣治之有體者帝王之治也其先後相因之序不容少紊學之有用者帝王之學也其本末相須之功不可偏廢後世願治之君務學之主誠所當法也且古之帝王其治與學亦何從而求之求之大學一書則具見矣人主欲圖帝王之治必推是書以致之用欲志帝王之學必明是書以爲之體然必有帝王之學斯有帝王之治先後有序本末不遺此孔門傳授之言宋儒推衍之義聖學之淵源治道之根柢而不可一日不之講求者也所謂人君而不知此無以清出治之源人臣而不知此無以盡正君之法者豈非不易之定論哉然衍義之書登進于前代而無補奏章

聖朝而有徵以實功而新
聖學以實學而資
聖治此我
祖宗列聖所以匹休古之帝王而不可及也恭惟
皇帝陛下英資天挺
聖學日新虛懷謙冲不自滿假乃于
萬幾之餘進臣等于
廷策以大學衍義之書以治循其序學得其本令臣等言之臣
有以仰窺
陛下務學圖治之心必欲光我
祖宗軼古帝王而陋漢唐賢君于不為也臣敢不掇拾舊聞以對
揚萬一乎大學之書體用兼備有明明德新民止至善之三

綱領有格物致知誠意正心修身齊家治國平天下之八，目外有以極其規模之大内有以盡其節目之詳其序不可亂而其功不可缺皆古帝王所以爲學與其所以爲治之道體之身心而有餘措之事業而有徵本末相須可以由體而達用先後相因可以因用而識體循之則治悖之則亂天下後世未有外此而可以言治與學者孔門師徒昭揭經傳蓋舉古帝王全體大用之學以示萬世君天下者之律令格例也自漢以來崇信者寡治不古若又何惑哉宋儒西山真德秀氏當理宗之朝推衍其義爲之説以獻今觀其書其綱有二其目有四所謂綱者先之以帝王爲治之序次之以帝王爲學之本前聖之規模實具于此而後賢之議論亦不能外此焉今即詩書六籍所述與漢唐宋諸儒所言可得而見者略陳之如明後德而致萬邦之協和慎厥身而底庶明之勵翼立愛敬而始于家邦刑寡妻而至于兄弟以荀況修身之說董仲舒正心之對揚雄小大遠邇之喻周敦頤端本善則之論是皆所謂爲治之序也惟精惟一而妙執中之傳惟幾惟康以迓用休之命昭德建中之克懋宅心建極之相承以及伊尹一德常師之訓傅說終始典學之規尚父丹書之戒周頌敬之之詩是皆所謂爲學之本也其綱之所列者如此所謂目者明道術辨人才審治體察民情格致之要也崇敬畏戒逸欲誠正之要也謹言行正威儀修身之要也重妃匹嚴內治定國本教戚屬齊家之要也其目之所列者如此而目之中又有細目焉首之以聖賢之訓典參之以古今之事蹟纖悉備具法戒靡遺一皆始于身心而達之天下先後之

序炳然本末之倫不紊帝王之學其體之所以立用之所以
行誠有不待他求而得之矣蓋真德秀平生精力具在此書
其所以發揮聖經賢傳之旨以爲修己治人之助者其功豈
小補哉惜乎理宗雖有表章道學之名而無敦崇理學之實
是以其書雖要而其說未行良可慨也洪惟我
太祖高皇帝以天縱之聖有日新之功倥傯馬上手不釋卷及天
下底定尤留心經史
内殿皆成不施藻繪
特命左右以大學衍義書置殿壁出入覽觀用爲政治之資是真
德秀之志至是始行而我
太祖表章是書之心不徒連屏之粉飾矣臣嘗仰觀
聖祖每與侍臣論說指晁錯切要之言譏漢武荒唐之失則我

聖祖講明是書之實又不徒石渠之故事矣求治而講學講學以
資治大學之道至是復明此所以能正中夏文明之統復帝
王綱常之治燕翼之謀有求無替有由然也
列聖相承罔不崇信重熙累洽之治實本諸此
皇上繼體守文典學弘理于此尤惓惓焉是即
祖宗之心亦古帝王之心也猗歟盛哉然
聖策又謂學體也治用也由體達用則先學而後治可也顧以治
先于學于義何居臣聞之真德秀之爲是書蓋爲人君之圖
治者而設也由體而達用固必有是學而後有是治循末以
探本則先治而後學亦不害其爲有倫矣大學序八條目先
之以明明德于天下而推本于修身正心誠意致知格物之
功意正如此則又何先後之足疑哉

聖算又謂帝王之所爲學則有不同是誠然也蓋精一執中堯舜禹之學也建中建極成湯周文武之學也純乎其純無可議者其能致唐虞三代之治也固宜乃若高宗資啓沃以續其盤之舊成王賴佛肩以成基命之休雖若少異然亦諸身心之功則無不同者其爲中興之賢君守文之令主不亦宜哉降及後世歷善斷語者不脫馬上之習受釐宣室者徒飾席前之儀亦有臨雍拜老如漢明帝開館延士如唐文皇者非不自志于學然帝王治心修身之實槩乎未之有聞也學非所學則其治可知矣漢唐賢君且然況從事技藝文詞之間如陳隋二君又烏足以瀆

聖聽哉下逮宋之諸君大抵天資雖美而學則弗篤故儀章可觀而道有未盡當時名儒輩出可以講學可以輔治然論薦雖

頻而信任不專名用未久而擯斥隨繼宜乎治僅小康而卒無以大過于漢唐也由是觀之世之治忽由人主學與不學學之善否顧此書之明與不明何如耳何者帝王之治本于道帝王之道載于書人主欲圖帝王之治不可不志于學欲志帝王之學又必于是書盡心焉苟不明乎是書將學有未得其本而治亦不得其序此臣所以謂必有帝王之學然有帝王之治而大學衍義之書人主不可一日不知講求者也

陛下留意是書固已有志于清出治之源

經筵儒臣以是進講又亦有事于盡正君之法

祖宗之治可以增光帝王之學可以追隆而且以家國仁讓之風

用人理財之效視古猶歉爲慮臣知

陛下將舉斯民于唐虞三代之隆而衍億萬載無疆之慶也夫一

家仁而一國皆仁一家讓而一國皆讓俊傑在位而野無遺
賢生財有道而國用恒足唐虞三代之治亦不過此然實自
其學之本于身心者致之
陛下欲享其治可不自其所以學焉者求之乎臣願
陛下以帝王之心爲務學之誠以帝王之學爲致治之道不安于
小成不狃于近利
臨御之暇延接儒臣日勤講説于是書之宏綱大目微詞要旨
反覆紬繹究竟無遺則學之所造將與帝王之緝熙光明者
同符治之所成亦與善推所爲者無異矣又何患勵志雖勤
而績用未著也哉殆見道術以明人材以辨治體以審民情
以察而格致之要得矣敬畏以崇逸欲以戒而誠正之要得
矣言行以謹威儀以正而修身之要得矣妃匹以重內治以

嚴國本以定戚屬以教而齊家之要亦無不得者矣有關雎之正始有雞鳴之儆戒有棠棣之和樂有行葦之忠厚而一家之仁讓以興以言乎用人則九德咸事百工惟時而用人之效著矣以言乎理財則享太平之儉德所無逸之治功而理財之效成矣由是而功光

祖宗由是而匹休帝王特在

陛下一加之意而已然此固

陛下之所已行而臣猶言之不置蓋臣子忠愛之誠自有不容已也抑臣竊終復有獻焉先正有言明君以務學為急聖學以正心為要而心之所由正尤莫切于敬敬也者聖學之所以成始而成終者也此心克主乎敬則所以為學有靜虛動直之功所以為治有高大光明之業大學之道不在于書而在

陛下之聖躬矣此臣區區一念芹曝之誠亦真德秀告君之意也

臣干冒

天威不勝悚懼隕越之至臣謹對

皇帝制曰創業以武守成以文昔人有是說也然兵農一致文武一同方其用果有異乎文武之分始于何時兵民之判起于何代胥質諸古矣書稱堯曰乃武乃文于舜稱文明禹稱文命而不及武于湯稱聖武而不及文周之謨烈各專其一且三代迭尚而不言武周列四民而兵不與焉何也漢唐宋之貞君令主或創業而兼乎文或守成而兼乎武或有未備亦足以善治論者又謂天下安注意相又謂天下雖安忘戰則危是治兵之道果與治民若同耶抑異耶

太祖高皇帝以聖神文武統一天下建官分職各有定制列聖相承率循是道百五十年治定功成實由于此然承平既久玩愒乘之學校之法具存而士或失業蠲貸之詔屢下而人多

告饑流徙之餘化爲盜賊以遺朕宵旰之憂今賦税餽運民力竭矣而軍食尚未給調發戰禦兵之力亦勞矣而民患尚未除或者官非其人乎而銓選之制黜陟之典賞罰之令亦未始不加之意也兹欲盡修攘之實謹恬嬉之戒文治舉而武功成天下兵民相衛相養于無事之天以保我國家久安長治之業宜何如而可子大夫志于用世方策試之日不暇以微辭隱義爲問姑衆其切于時者其爲朕陳之

臣楊慎

臣對臣聞帝王之御天下也有出治之全德有保治之全功文武並用出治之全德也兵農相資保治之全功也于並用而見其同方則天下之政出于一而德爲全德如日月之在天凡所以照臨者皆天之德也于相資而見其一致則天下

之治出于一而功爲公功如于是之在人凡所以持行者皆
人之功也由是聯屬天下以成其身綱維其道以適于治體
統相承而無偏弊不舉之患本末具備而無罅隙可議之疵
放之四海而皆準傳之萬世而無弊帝王爲治之要孰有加
于此哉臣自少讀帝王之書講帝王之道竊有志于當世之
事然學焉而不敢言言焉而不得遂今幸逢咫尺之威立方
寸之地制策所及者皆是道與是事也臣敢不罄一得之
愚以爲萬分之助乎伏覩
聖問有曰創業以武守成以文而又曰文武同方兵農一致果有
異乎臣惟三代而上同一道也勘亂則曰武守成則曰文同
一民也無事則爲農有事則爲兵初未始異也在易明兩作
離文明之象也上九王用出征有嘉釋之者曰剛明及遠威

振而刑不濫斯不亦可見文武之同方乎地中有水師師旅之象也而釋之者曰伏至險于大順藏不測于至靜寓兵于農之意斯不亦可見兵農之一致乎是故一張一弛號爲善道剛克柔克協于皇極周公冢宰實兼東征畢公爲公亦總司馬武夫堪腹心之寄古甫有文武之稱以天保治内而未嘗無武以采薇治外而未嘗無文文武固未分也自秦不師古專以武功立國諸詩書者有刑斬首級者進爵民勇于戰皆忘生好利之人士賤以徇廢于戈羽籥之習至漢襲秦制立丞相將軍而將相之職異唐宋以來置中書元帥樞密而軍國之權偏此文武之分出于三代之後也成周之制以田賦出兵一同之田出戎馬四百疋兵車百乘一封之田出戎馬四千疋兵車千乘畿方千里提封萬井出戎馬四萬疋

兵車萬乘自五人爲伍積而爲兩爲卒自五卒爲旅積而爲師爲軍天子之六卿六軍諸侯之大國三軍次國二軍小國一軍而降殺有等焉一方有事則命將出師迨功成獻俘將歸于朝卽守職之吏兵散于野卽緣畝之農兵農固未判也至管仲相齊欲速圖霸業乃壞周兵于內政分國中以四鄉使國中之民爲兵鄙野之民爲農兵不服耒耜之勤農不識干戈之具以至句吳之水卒秦昭之銳士成周之制變易盡矣此兵農之判出于三代之衰也識者之誚甞所稱古之帝王未有不兼文武之德均兵農之功者稱帝堯者曰乃武乃文四表之被卽所謂文丹水之戰則所謂武也舜之誅四凶禹之格有苗固可以武功名而亦文明文命之餘事也布昭聖武見于伊訓然典謨嘉言謂非文武之全歟文謨武烈稱

于君陳然整旅伐崇下車訪道二者正未始偏廢也三代迭尚曰忠曰質曰文而不及武者蓋言忠質文則武固在其中必以武言則是秦之所尚而非三代之治周列四民曰士農工商而兵不與者即臣前所陳寓兵于農之説專以兵言是爲後世之制而非成周之舊矣漢唐宋之君如光武之投戈講藝太宗之身兼將相庶幾創業而兼乎文其未備者如漢高之不事詩書而煨燼家遂蓋其寛仁大度暗合乎道况能喜陸賈文武並用之言乎孝武之封狼居胥憲宗之平淮西西蜀庶幾守成而兼乎武其未備者如仁宗之時西夏猖獗而致四十二年之太平蓋其深仁厚澤培植國本况能用韓范儒者之將乎陸賈之言曰天下安注意相則在承平時不可不修文德故曰人君以論相爲職又曰將特大有司耳非

相比也司馬法曰天下雖安忘戰必危則在承平時不可不飭武備故曰君子以除戎器戒不虞又曰聖人貴未然之防是知兵以衛民民以給兵治兵乃所以銷兵講武即所以偃武治兵之與治民亦異而同也漢之軍制以南北分南軍主環衛王宫北軍主巡綽京城有編士有材官與夫西北之車騎東南之樓船臨淄之弩手荆楚之劍客皆仰給于縣官而不編于齊民識者惜其去古未遠而不能復此漢之治民與治兵異也唐府兵之立其制最善兵散于府將歸于朝所以弭禍亂之原二十爲兵六十而免而民無久役之勞三時耕稼一時講武而兵無常聚之患器甲出于民衣糧出于民而國無養兵之費治民與治兵同而論者許其爲近古良有以也宋之制有三衙四廂諸司總管鈐轄諸將然終宋之世國

威不振者殆兵權失之輕而兵民分之過也由是言之文武者其名也兵農者其實也三代而上兵出于農而文武不得不合三代而下兵判于農而文武不得不分夫苟知文武之所以同則所以治民與兵者不容以異矣洪惟我

太祖高皇帝獨稟全智首出庶物掃開闢所未有之污復帝王所自立之地

武功之盛無以加矣整人倫于用夏變夷之餘興文教于撥亂反正之始

文德之隆又何如哉當時之建官也科目則有文舉武舉官聯則有文班武班部屬則有文選武選當時之定籍也軍籍則有屯田民田戶籍則有軍籍民籍官署則有州縣衛所

乾綱獨斷無威柄下移之失太阿相倒無尾大不掉之患有事

則其與機密之謀無事則各掌兵民之寄在京有司馬以掌
督軍營在外有憲臣以總制邊務臬司有兵備之權縣吏尊
巡捕之職名若分而實則相屬職若判而任則相維保治之
法蓋與三代而符也至若
太宗表章經史而外清朔漠之塵
宣宗崇重儒臣而出乎漢邸之變
列聖相繼蓋懋蓋敦百五十年來固皆以文致治而
廟算無遺
神武不殺
偉烈宏功照耀簡冊壽
國脉于箕翼安
國勢于磐石斯世斯民盡有由之而不知者恭惟

皇帝陛下保富有之業思日新之圖閱歷熟而見理明涵養深而
持志定
垂衣拱手而天下嚮風
動顏變色而海內震恐疆埸之虞撲之于方熾蕭墻之釁消之
于未形君子洗心以承休德小人延頸以望太平而
皇心謙冲謂承平既久玩愒隨之臣伏讀至此有以知
陛下出德之全德保治之全功可因此一念而舉矣臣竊以為
陛下求治之心甚至而奉行者或有所未至焉夫學校者風俗之
首也程顥謂治天下以正風俗得賢才為本使主學校者皆
得其人教人之法悉如陽城之在國學胡瑗之在湖學一道
得以明禮義尊經術以定習尚不流于蘼而毀于隨則庠序
之風可臻而士之失業者非所患矣與若圖本所係邵雍謂

寬一分則民受一分之賜所以寬之者在
朝廷而近民者莫切于守令使爲守令者皆得其人養之之法
悉如黄霸之在穎川張詠之在益州遵奉
詔條宣布
德意不以繭絲先保障不以撫字後催科則熈皥之俗可期而
民之告饑者非所憂矣流徙之餘聚爲盜賊亦由教之無法
養之無素故也以人情言之盜賊亦人耳人莫不愛其筋力
肌膚也莫不愛其父母妻子也莫不愛其田廬貲産也在上
者不以無益之工役苦其筋力不以不中之刑罰殘其肌膚
不以流離病其父母妻子不以誅求損其田廬貲産則彼之
所愛者皆爲所有矣不幸而死猶不捨其所愛况捨所愛以
蹈必死之地哉今潢池弄兵綠林稱號者在在有之賦税之

過春夏秋糧餽運之敝十室九空農事在所當重也邇者出
內帑銀二十萬兩以濟西蜀之軍儲愛民可謂深矣臣愚以
爲本土之蓄積宜自足用昔人有言兵務精不務多今爲將
者兵每務多而財餽每患其寡兵既多則財餽不得不多財
餽既多則民力不容以不屈是民以養兵而亦不可以爲兵
困也調發之伍動以千百戰禦之功十無二三兵政尤所當
急也邇者發京營兵三千騎以平山東之反側禦患可謂切
矣臣愚以爲本土之壯士宜自可用昔漢擊匈奴用六郡良
家子蓋其熟知險易力衛桑梓比之他方所調發一可當百
况京兵一出既有行糧犒餉之勞亦有居重馭輕之戒固可
權其宜于一時而非可繼于旬月是兵以衛民而亦不可過
爲民毆也

聖問又謂或者官非其人臣愚以為一代之才自足以周一代之用特患用之不得其道耳用之誠得其道則貪可使也詐可使也況蘊德行而志功名者乎選舉之制公矣寧無黨儒而嘗事局歷濟而投散地者乎黜陟之典當矣寧無冗食備員之輩隱賢遺才之嘆乎賞罰之令明矣寧無濫竽而受賞竊盜而免罰者乎誠使官各盡其人才各盡其用人人有忘私之公事事有愛國之誠徹桑土于未陰之時徙積薪于未火之日一郡有警則旁郡切震鄰之憂一時有警則先時思噬臍之悔敵至不懼敵去不怠不因人成事而者吾之師不曠日持久而匱吾之財內修外攘之實必曲盡于條教之外文恬武嬉之弊必振起于玩習之餘則

文德之敷雲行雨施

武功之建當厲風行遠可以從帝王之善治上可以光
祖宗之顯烈
國家億萬年之曆可以配天地于無窮矣臣願
陛下益崇此德益保此功存無怠無荒之心爲可久可大之道惟
萬幾之暇少留意焉則凡所以策臣者可次第而舉矣何暇于
多言爲哉臣干冒
天威不勝戰慄之至臣謹對

戊辰科正德三年

皇帝制曰朕聞人君所當取法者惟天惟祖宗唐虞三代之爲君皆法天法祖以成盛治載諸經可考也其有曰代天曰憲天曰格天有曰率祖曰視祖曰念祖同乎異乎抑所謂法祖爲守成者言也彼創業垂統者又將何所法乎漢唐宋以降法天之道殆有未易言者何以能成其治乎抑亦有自法其祖者矣何治之終不若古乎朕自嗣位以來兢兢焉惟

天命是度

祖訓是式顧猶有不易盡者天之道廣矣大矣不知今日所當法何者爲切得有詔刑罰以顯天震曜慈惠以效天生育者果可用乎我

太祖高皇帝之創業

太宗文皇帝之垂統

列聖之所法以為治者布在典冊播之天下不可悉舉不知今日所當法何者為先且急史有謂正身勵己尊道德進忠直以與祖宗合德者果可行乎茲欲弘道行政以仰承

眷祐延億萬載隆長之祚子大夫應期嚮用宜有以佐朕者其敬陳之毋忽

臣呂柟

臣對臣聞人君之法天也不外乎盡其仁其法祖宗也不外乎盡其孝蓋人君之有天下其原則命于天其始也則傳于祖宗祖宗不以天下徒傳于我必以創建之法而并遺之天亦不徒與我以天下其聰明之則固在我舉而行之以喻天下為也故仁也者法天之本也孝也者體祖宗之心而致其

法之之實也苟不以仁法乎天而惟任己意以肆行于萬姓之上則民之蒙殃者多矣法天矣而又或舍祖宗之舊以爲不足事焉則聰明之作舊章之亂適足以勦天下之紛紛也故曰惟仁人爲能法天惟孝子爲能法祖宗嗚呼此唐虞三代之聖主兼體仁孝之道而不累者之所能爲彼漢唐宋諸代者褻天逆祖漫不知法且或法之而未盡然又奚其祖宗之法亦有不可法者是豈可以同日而語哉欽惟

皇帝陛下紹

列聖之鴻休撫諸夏之大業蓋大有爲于天下而謂草野之下亦或有明上天祖宗之道習仁孝之說而知其旨可以禆補治體者乎未可知也乃進臣等子

廷特以此策之焉非徒以循

舊規爲也臣敢不以所聞于師友者披瀝罄竭以仰副
聖心之萬一乎竊嘗讀詩書而知帝王法天法祖之實矣臯陶之告舜曰代天傅說之告高宗曰憲天而高宗亦以伊尹佐成湯之格天者告諸傅說然代言者天不能有爲而假手于君也憲言者惟天聰明君當效以致治也格言者不遺上帝之則而能享天心也之三者言雖異均之爲法天也商之太甲不明厥德而伊尹之所以告之者不曰率祖攸行則曰視乃烈祖周成王以幼冲之資而在位周公則誡無忝爾祖聿修厥德之詩訓之然率云者以祖宗爲據依而將循之不敢違也視之者因其已然之度取而鑒之也念之者不敢有所遺忘常存于心而思見諸政事以爲的也之三者言雖不類均之爲法祖也然法祖之事不獨見于守成之主而亦行于創

業垂統之若啟禹之始有夏也則率帝之初湯之始有商也則纘禹舊服武王之始有周也則乃反商政循舊無所法而自我作古乎夫帝王法天之事無不同者以其此心之仁無或異帝王法祖之事無或異者以其此心之孝無不同故當時黎民有時雍之美四方有風動之休聲教四訖于海外萬姓悅服于域中治隆俗美卓乎不可及矣自是而降漢唐宋之君或責躬以水旱或從事于封禪或信奉乎天書數君固自以為法天也然水旱責躬者則可矣封禪天書何為者哉雖或致富庶之效成斗米三錢之政得安內攘外之功皆其恭儉仁愛之一節所及固不敢直以法天許之也或謂其自有制度或欲倣貞觀之初或屢行紹述之政數君固自以為法祖也然倣貞觀之初者則可矣彼自有制度屢行紹述者

何爲者哉故不雜乎伯則純乎霸且并其祖宗之法而廢之如是而曰法祖臣不知也是何也有法天之名而此心之仁則不足無法祖之實而此心之孝有未至無惑乎其然也然又有由矣漢初制度襲秦唐初閨門慚德宋雖仁愛有餘而譎詐亦未嘗不足貽謀不臧已如此矣而欲子孫有所法固有不可得者然則能法天法祖者固在

今日矣今

陛下仁以爲心是以

天命自度矣孝以爲念是以

祖訓爲式矣而猶有不易盡之嘆臣有以真知

陛下此心之仁仰不愧天此心之孝前不愧乎

祖宗矣臣請以

上帝所及度乎

天命式乎

祖訓者終陳之夫天之道雖至廣而無所不有雖至大而無所不包然切于所當法者其道不越乎二端而皆謂之仁也何者天以春生萬物以夏長萬物以秋斂萬物以冬終萬物生仁也長亦仁也斂仁也終亦仁也然天有春夏王者則有慈惠之政天有秋冬王者則有刑罰之施故春秋于桓公不道王法不及則因穀鄧之朝而不書春秋冬之二時成公懦弱而陽氣不長固以無冰書之也然則子太叔曰刑罰以類天震曜慈惠以效天生育者豈無所擬哉今願

陛下以慈惠爲事歟則爲惡者不知所懲而長奸宄之風願以刑罰爲事歟則爲善者不知所勸而挫淳良之志雖然慈惠可

過也刑罰不可過也故天道之春夏常以長養爲事而秋冬則積于空虛不用之地若是者可不知所以審輕重于其間乎知所以審乎輕重則其以仁存心者當無不至矣哉

太祖高皇帝之創業

太宗文皇帝之垂統及于

列聖之所法以爲治者布之方册播之天下雖不可以悉舉然其大要不過修己用人而已昧爽臨朝晡時還宫便殿則閲奏牘閒暇則覽經史節儉則服補緝澣濯之衣殿廡則書洪範大學衍義之文其修己之勸類如此陳遇逸士也則走幣以聘劉基宋濂臣下也則以古君子吾子房稱之而不名閻宋思顔之言則臨一虎熊以賜羣臣納許好聞之諫不以其縣令之卑而爲折其樂于用人類如此然則

下所法之當先且急者尚有過于斯者乎故李絳謂唐憲宗曰
正身勵己尊道德進忠直以與祖宗合德者豈有不可行者
哉以是爲行則其所以求言孝思者將無不至矣是則法天
也法祖也
陛下果能身體而力行之則
陛下之心即
上天之心
陛下之志即
祖宗之志好生之德可以薄海外而霑濡 光前之業可以裕後
昆于無窮但恐意念之間一有不至而于仁之意少乖則刑
罰之施或不能盡得其正慈惠之加或不能盡當其可若是
者未免與 天或相背也繼述之際一有不至而于孝之意

少遺則所以修其身者或安于縱逸用乎人者或隆乎禮貌
若是者未免與
祖宗之道或相背也然則仁孝之道
陛下可視爲淺小之物而不加之意乎然臣復有獻焉洪
上天、祖宗之道固在盡仁孝之心然非有所學焉則固無以有
諸已矣夫學亦不可以易言也蓋心樂乎此則其學之也必
專且成不然雖師保勉强之者亦爲徒爾苟
深宮便殿之中從事于讀書窮理之間不爲章句文藝之習日
與大臣薰陶漸染講明切磨則[illegible]
聖心之開明者愈益愈明如日中天於見夫義理之爲樂自貪慕
好愛之不厭而玩好[illegible][illegible]之事衆不足以撓其中矣夫然則與
天地合其德而仁之德以備矣
祖宗合其心而孝之道蓋廣
皇圖帶固于不援人心[illegible][illegible]焉一[illegible]
陛下采納焉臣干冒
天威不勝戰慄隕越之至臣謹對

皇帝制曰朕惟自古帝王之致治其端固多而其大不過曰道曰法而已是二端者名義之攸在其剏而行之之序亦有相須而不可偏廢者乎夫帝之聖莫過于堯舜王之聖莫過于禹湯文武致治之盛萬世如見其爲道爲法之迹具載諸經可考而證之乎自是而降若漢若唐若宋賢明之君所以創業于前而守成于後是道是法亦未嘗有外焉何治效之終不能古若乎我

聖祖高皇帝定天下之初建極垂憲

列聖相承益隆繼述爲道爲法蓋與古帝王之聖先後一揆矣朕自蒞祚以來夙夜兢兢圖光

列祖于茲有年然而治效未臻其極豈于是道有未行是法有未

守乎抑雖行之守之而尚未盡若古乎子諸生明經積學究
心當世之務必有灼見其直述以對毋徒騁浮辭而不切實
用朕將采而行之

臣顧鼎臣

臣對臣聞帝王有治天下之大體有治天下之大用體者何
道是也用者何法是也道根于心法之所由立也法施于政
道之所由行也法而非道則所以主張之者無其本道而非
法則所以經綸之者無其具皆非所以治天下也然有是道
則其法可立未有善立是法而不本于道者也有是法則其
道可行未有能行其道而不知守乎法者也道行而無弊法
立而能守則推之無不準動之無不化外無不攘内無不安
遠無不至邇無不服端拱于九重之上而撰縱翕張所向如

意運用于四海之間而渾融貫徹所在歸極尚何治之不古
若哉帝之所以帝王之所以王我
皇祖之所以創造
列聖之所以繼述皆不外此彼漢唐宋者道非其道法非其法又
何怪乎治效之不能比隆于唐虞三代也哉欽惟
皇帝陛下天啓
聖神日新
德學大化神明洽于遠邇至治馨香徹于上下所謂學于古訓
而有獲監于成憲而無愆者蓋卓卓乎足以光
前而裕後矣茲者闢賢科擢多士
御大廷降
明詔循謂治效未臻其極而拳拳以行道守法爲問臣雖至陋

寧不鼓舞感動思罄愚衷以對揚
休命乎竊惟天生萬物不能自理而命之聖人故曰天佑下命
作之君作之師惟其克相上帝寵綏四方夫以一人之身加
于兆民之上而付之以君師治教之責亦大且難矣求盡是
責以無負乎天之所命舍道與法二者其奚以哉是故修身
齊家治國平天下治之道也道者治之體也建立紀綱分正
百職順天揆事創制立度以盡天下之務治之法也法者道
之用也嘗考朱熹之訓曰道猶路也法法度也董仲舒亦曰
道者所繇適于治之路也謂之路則可見其爲人之所共由
謂之度則可見其爲人之所當守是二者理與事有精粗之
異而本與末亦若二致焉豈可以無別乎
聖策所謂名義之攸在者蓋如此然孟子曰徒善不足以爲政徒

法不能以自行程顥曰必有關雎麟趾之意然後可以行周官之法度胡宏又曰道德者法制之隱法制者道德之顯有道德以結民而無法制者爲無用無用者亡有法制以繫民而無道德者爲無體無體者滅是其本末雖有先後之殊而顯微則無彼此之間也豈可以偏廢乎

聖策所謂序之相須者蓋如此古者聖人迭興皆天所命帝莫過乎堯舜王莫過于禹湯文武其道與法垂之古今如日中天而昭示無極如水行地而澤潤不窮功化之美又孰有加乎是乎

聖策首詢乎此臣有以知

陛下嘉堯舜禹湯文武之治而能自得師矣臣請稽諸經傳而陳其大可乎堯之明峻德以至于和萬邦舜之徽五典以至于

叙百揆禹之敷命率常湯之綏猷修紀文武之廸彝教建皇極至若精一執中之授受典禮損益之因革此帝王之道也是道也大公而至正盡善而盡美不狃于功利之好不牽乎詐力之私小自于一身而胃于六合之大近自于日用而放乎四海之遠造端于夫婦之所能而極于天地化育之所不能盡是行之萬世而無弊者也堯之曆象授時垂衣制器舜之封山濬川頒瑞考績禹之任財賦貽典則湯之懋功賞制官刑文武之奠麗陳教列爵分土至若封建井田之制學校征伐之典此帝王之法也是法也詳為之慮曲為之防本諸身徵諸庶民法乎天時因乎地利合于人情宜于土俗當百年守之而弗失者也道以立其體而法以著其用致治之盛萬世如見有由然矣自是以降若漢唐宋賢明之君創業于

前守成于後其道與法固皆出于帝王然徒竊夫糟粕之以而無其實得夫糟粕之淺而失其真雖有事功不過小補其孰能與于古哉

聖策繼及乎此臣有以知陛下陋漢唐宋于下風而有所不爲矣臣請撫諸史册而陳其槩可乎漢高祖豁達大度孝文之靖净玄默太宗之聰明英武玄宗之好賢樂善宋藝祖之嚴重孝友仁宗之温恭節儉于道似有得矣然而雜霸術尚黄老大綱不正閨門慙德仁厚有餘剛明不足非帝王之所謂道也漢之著律令定税賦唐之租庸調府衛兵宋之序資格嚴科禁其法似亦善矣然而不事詩書禮文多闕驕矜大之心極奢侈之欲聲容盛而武備衰議論多而成功少非帝王之所謂法也蓋斯道既微法

亦隨變治效之成終不古若何足疑乎恭惟我
太祖高皇帝誕膺
天命掃除胡元立帝王自立之中國傳帝王相傳之正統
建極垂憲貽謀萬世臣沐浴膏澤嘗竊窺一二敢拜手稽首爲
陛下陳之敬天勤民防非窒慾身之修也宮房無私愛左右無偏
恩家之齊也
君臣同遊之盛朝野畫一之政國之治也武功以戡禍亂文德
以興太平天下之平也我
祖宗之道非即帝王之道乎六卿分治庶僚承服百職舉矣臺諫
以糾正于內憲司以廉察于外紀綱肅矣車旗服色之有章
宮室器用之有等制度一矣學校選舉之有條兵刑財賦之
有制庶事康矣我

祖宗之法非即帝王之法乎自是以來
聖子神孫善繼善述不愆不忘治化之成蓋遠過于漢唐宋矣而
聖策復以治效未臻其極夙夜兢兢圖光
先烈為言者此
陛下聖不自聖務欲福齊皇極化恊太和超千古而特出跨百王
而獨盛也臣愚何足以知之臣竊以為欲師帝王先師
祖宗能行祖宗之道則帝王之道在是矣能守
祖宗之法則帝王之法在是矣
陛下大孝格
天至仁育物謙恭逮下明智燭微曰
御經筵講求治理數
召大臣咨詢時政所以行

祖宗之道而守

祖宗之法蓋無可訾議者但近歲以來災異迭見水旱相仍而雍風動之休未洽黎民阻饑赤子弄兵而鼓腹擊壤之謠未聞夷虜跳梁而軍政未可謂修府庫告竭而蓄積未可謂富内外臣工率多因循苟且取辦簿書廉靖之節日聽華競之風日長而文武未可謂盡得其人則

聖策所謂行道守法未盡若古者臣不敢謂其不然也臣愚以為

陛下之德如是學如是

虚懷望治之誠如是以

陛下而處此宜無足為者但恐不加之意耳夫道雖不一其要在于修身身有不修而妄意于躐等之為謂之能行道不可也法雖至繁其要存于紀綱紀綱有不振而欲神乎不息之務

謂之能守法不可也然修身不外于威儀言動而紀綱不外
于舉措刑賞
陛下誠能左右之周旋于規矩準繩之中一言一動從容乎仁
義禮樂之藴則道成于上而身修矣身既修則家可齊國可
治而天下可平尚何
祖宗之道有不行乎舉直措枉必協乎天下之公論賞善刑惡不
徇乎褻近之私情法行自近紀綱振矣紀綱既振則百職可
舉制度可一天下之事可興尚何
祖宗之法有不守乎如是則俊良登崇而讒邪遠出入有度而財
用足武備修而蠻夷懾服刑罰威而奸宄銷亡災異息靈瑞
臻而百姓安寧萬物順遂治效之隆豈不足以並美于唐虞
三代也哉雖然此就

陛下所以策臣者而言之耳猶未要其極而舉其全也臣請究極本原探索精微以獻終篇

獻焉蓋心之主宰一身無事不體而天之主宰萬物亦無往不在天者理之所從以出者天之心與吾心之天一也是以帝王之道雖要于修身而欲修其身必先于正心帝王之法雖要于紀綱而欲振紀綱惟在于順天不正其心不順其天則雖宵旰憂勤思以行道守法亦苟焉而已爾何謂正心致知以明此心誠意以實此心聲色貨利之欲此心之鴆毒則遠之車馬宮室之樂此心之斧斤則禁之諂諛邪佞足以移此心則斥之便嬖近幸足以撓此心則絶之凡吾威儀言動之發真非自然必使吾心泰而百體從令也吾心泰而萬物咸備也是之謂正心何謂順天無貳無虞曰上帝臨汝也有嚴

有[illegible]曰鬼神在旁也匹夫匹婦勿謂可下曰此天民也一命
一秩勿謂可忽曰此天秩也創制立度恐其悖天緣事成務
恐其違天凡吾舉措刑賞之施不敢自專曰天命有德也天
討有罪也是之謂順天能順天則天與吾心爲一而吾心自
無不正能正心則吾心與天無間而于天自無不順以是行
祖宗之道則道焉無弊而足以主張乎法以是守
祖宗之法則法焉弗失而足以經綸乎道體無不立用無不行所
謂光
先烈而臻至治者惟
陛下所欲而致之無難矣如是則若師治教之責以盡上天寵綏
之命以凝而磐石之宗苞桑之業豈不可以永保于億萬年
而無虞也哉臣竊伏海濱裥

生成𢓭養之德有年矣平居所學固不出乎道法之間每念異

同幸望

清光奏

大對期有所論列敷啓以盡責難之恭而今也實其時也顧草

茅疏賤不知忌諱敢直述所見聞若如此伏願

陛下留神澄省果切于萬分有一之用俯賜采行不勝幸甚臣干冒

天威無任隕越之至臣謹對

壬戌科弘治十五年

皇帝制曰朕膺

天命承

祖宗

列聖之統以臨天下于茲十有五年夙夜兢兢思弘化理非法諸

古而不可然嘗考之前代繼統之君守成稱賢莫盛于夏之

啓商之中宗高宗周之成康之數君者治績之美具在方册

果何道以致之近世儒爲之論謂聖王以求任輔相爲先又

謂君之聖者以辨君子與小人數君之致治也其亦有待于

是耶且輔相之賢否君子小人之情狀未易知也茲欲簡賢

爲輔用君子不惑于小人將安所據耶天下之務固非一端

以今日之所急者言之若禮樂若教化若選才課績征賦之

法兵刑之令皆斟酌于古然行之既久不能無弊焉祛其弊而救之欲化行政舉如

祖宗創制之初比隆前代何施何為而得其道耶子諸生積學同經通于古今之宜其具實以對毋隱言毋泛論朕將采而行之

臣康海

臣對臣聞天下有不可易之道而常獲于人主有不敢易之心蓋天下之事未有舍道而能集者而道固不可易也心之所向道之弘否所關一有所易則所以修於身者必不能實用其力而道之在我知之不明守之不固再遷于此或轉于彼雖欲勤勵以求治而弛張予奪一無所據覬伺嫌孽之萌其起而乘之雖有賢人君子立于其朝漫不相信甚者或斥遠罷去不為之所天下之治將焉所賴而成乎惟有以真知

道之不可易其心常憂勤惕厲而不敢以一毫苟且輕率之意雜之于中擇之必精執之必固使用人取善各有定則賢否莫吾亂而君子小人不相充既得其人而任之以事則政無不舉而法無不振天下治定無有不成者矣古之人君未有不達于是而能致其治者也亦未有徒達于是其心終有易焉而能以無弊者也洪惟

皇帝陛下以至聖之德纘盈成之運十五年來民安物阜雖堯舜禹湯文武之業亦不過此而

策士之詔乃猶惓惓焉以化之不弘治之不洽為念

陛下豈誠有未達于是而猶待于問哉臣有以仰窺

聖心之于道固有不自易焉者也臣嘗謂古今豪傑之士不得所遇雖子思孟軻之流亦且徒爾而臣之庸昧乃際遇若此臣

敢有所諱而不言哉臣惟天下之深患在于久安極治而機

括所不見者莫爲之虞

陛下夙夜兢兢思弘化理此固宜也然用于己不若資于人求諸今莫若法乎古古之君心純乎道未嘗敢以爲易故其用人行政有非後世之所能及如啓當禪授之後繼禹之業守之以敬而伯益之戒終始無閒故道之得于禹者無廢墜不舉者矣中宗高宗一切信任伊尹傅説之屬而又本以嚴恭寅畏恭默思道之心成商之治又豈無所據耶殷之頑民離于管蔡武庚之手武王之澤未洽也使非悔悟于周公篤信于召奭倚有成康繼序不忘之思雅別淑慝之意而禮樂之化豈能如詩書所道哉程頤曰聖人以求任輔相爲先歐陽修曰君之聖者以辨君子與小人蓋略以人而舉人既存則敗

自無偏弊不舉之患而治之在天下者可成也
陛下欲求數君致治之績獨可舍此而他務耶亦惟有不敢易之心而已天下之政孰有出于人主之心者况用人之際又其本原所自之地哉
聖制所謂簡賢爲輔用君子不惑于小人誠有見其必然而爰制之心有不能自已者也蓋大君爲天地之宗子必有大臣爲宗子之家相相之職所以輔養君德而贊成致化天子不可一日無者豈惟夏商周爲然皇夔稷契之流雖堯舜之世亦不可無也若其賢與否則必辨之于先而後可任之于後苟辨之不明用之不當則天下之禍反有不可言者矣何者以匹夫之賤而上與天子共尊其所爲操縱予奪者無一不爲天下之所禀受使心術或有不正而學識或有不醇則其所

壞非如有司之一節一端而已故必先有不敢易之心然後修之身者無往不實修之身者既實則出乎我者無乎不正而人之邪正自無所匿于是擇其賢者而用之則輔相得矣臣于

今日豈以不得爲憂特恐所以待之者不至耳臣在草野閭閻

朝廷用一大臣必極聳動以爲諸謀親信將必有出于恒品之外今立一京師乃或有未然者臣願

陛下爲之禮下務得其心而使盡其職凡遠猷大畧不爲孱議所詘一政一令必與之深言極論而後布則小人雖欲肆其無所忌憚之私以惑吾聽而其情已先覺矣蓋小人之情不過趨利避害去其所惡而求其所喜者而已然亦必揣之而不見露啟利之來或遜且謝之害之至或以爲所分且蹈之夫

辭之不力則行之不固受之不力則去之不決及利害參乎
必不可已則亟去與取之恐後也方其有所勉而爲之也其
卒不可掩者已躍然于片言悅色之間即此試之小人之情
可復遁乎既得其情則宜亟去之去之不決則或爲他巧所
中而猶未免于有惑隨有即覺隨覺即去如是而已如是則
君子小人不相尤若于小人不相尤則動無所妨而天下之
務自無凝滯不率之患矣臣請以
聖訓所及數者言之禮樂不可以一日無此萬古不易之論然其
興也雖專重其實而亦未嘗遂棄其文臣竊見近之所爲禮
者疏簡縱逸雖所謂儀文之末亦未之有所爲樂者殘缺廢
壞雖所謂聲容之細亦未之備蓋不得其本而安于苟且將
就之習固如是也苟學校之教有以振作而興起之則人心

自無不止之欲而其情自無不和之發凡見之宗廟朝廷鄉黨之際自有以去其踈簡縱逸之習而補其殘缺廢壞之獘將不俟于進退升降而節鍾鼓羽籥而和矣禮樂有不興者乎至大教化之所在其機係于人主之心而其應爲之天下之廣萃英俊之士使之羣遊于學讀書窮理且或莫爲之變而欲驅天下之愚民使悉歸于禮讓和樂之域固已難矣莫若先以恭儉忠厚躬行于上不爲聲色土木貨利玩好之所移易而後徐以示于天下天下方以前日之侈縱相安而一旦之所聞見乃如此其心亦必悚然以思涣然以省者一二大家臣族頓悟而倡改之則人之樂從者衆矣選課之法則

臣于此有所深惜

祖宗之于士養之以道義而信之以賞罰其用也不爲之拘而其

課之也幽明黜陟各爲之等故人皆勉于其官而優于其事比者稍有兵荒而納粟買官之人已滿吏部之簿矣雖有才德滯于所用之期用未及而顛毛已號種種能以壯節自厲者曾幾人哉况又黜陟之施一惟流品是視苟不本于科甲之選而官重秩崇肯轉與則彼無所慕于中者又安有所忌於外哉臣願嚴其僥倖覬覦之禁使冗懦不職之徒一一謝去選惟其才而不盡拘流品試之以官而課之以實如蘇洵所謂某人廉吏也有某事以知其廉某人能吏也有某事以知其能然後因其最否以加賞罰天下之人望以其才自見者亦將知所變矣征賦之病大抵冗耗過多而司會莫爲之省非司會之不省勢不得也自京師言之食之仰于江南歲數百萬而權勢所奮無藉之輩不爲国家分寸之益者乃至

百千借其空名以耗實費至有水旱饑饉之變則又加倍以取于江南之名臣聞上曰窘則陷繼之江南之民貧甚則江北可晏然以不顧乎况今邊境之擾未甚妥帖前日榆林大同之役馬死食匱所費不知幾千萬而無用之兵又坐食于邊山陝之民丁運之法無不備舉老幼父子流離移拆外患未除而内地已困寧不爲可懼耶臣欲去冗耗無用之費而革權門招集之弊息江南之民以附根本邊境之擾但以付之狼將不用統制之屬帶挾僥倖之徒以耗軍食而又復屯田之實省丁運之苦用國無不足者也兵則老于坐養安息之間爲之深計使不受役于私門而得給其俯仰奮迅豁烈之氣又必常振勵之使之無所沮喪今有一級之勞而大家右族訓譴奪去不敢仰視將帥所養以自奮乎况夫衛舊逃

流之兵方以宮法過之復以伍釜鑊之用俱無可充又其害無
親戚往來之接其心之欲去已甚矣衛所之官又以嚴刑深
詰鉤取其有彼方有欲去之心而此又逐之使去逐矣而不
去豈人情哉欲兵之強而二者特不之詳臣所以深慮也用
刑之際洞照物情而不為所誑明者皆足為之而決之輕重
則有一定之制既得其情必為之斷使貴賤無異施豪右寡
弱無異決則令之所出即無不從天下之奸賞必隨禁而革
蓋天下皆天子之民刑期于必戮賞期于必得不待命而後
知者也豪右之徒有所倚仗得以自脫而寡弱之人駢首就
死人之情孰不畏死而不求所以自脫哉此尤
陛下之宜置念者也夫數者之務酌之于古而行之于今宜有不
可易者而其弊猶若此

聖制所謂祛其弊而救之欲化行政舉如祖宗創業之初比隆前代者豈有他哉亦取諸人而已孔子曰爲政在人啓以下數君不過中才之主一得其人且足以爲治而况陛下神聖天縱出于尋常萬萬者哉然臣于此竊有説焉蓋政雖舉于有人而身則所以取人之本故孔子又曰取人以身欲得人而不先修乎身是其心之所存輕忽率易不能不累于愛憎之私而用所不當用舍所不當舍者有矣臣願陛下急于修身以端取人之則然所以修身者又非勉强矯拂之所能致必自君臣父子夫婦昆弟之間以至于動静語默一事一爲之際常加儆畏内省于中果當于理而不悖乎果非其當然之則而狃于外誘乎使天理純明私欲净盡則身

有不修而道無有不盡聰部詳酌自不謬于天下之是非發

用乎人其用必當苟發于政其發必精治功之隆能追配

祖宗卓越古昔而有詩書之所不及載者矣彼漢唐宋區區小補

之治又惡足論哉然臣又聞治不患于始之不得而難于終

之有繼伏惟

陛下常存不敢易之心以守此不可易之道則

國家天下之幸非獨臣之幸也臣無任惓惓忠愛之至臣謹對

皇帝制曰朕惟自古聖帝明王之致治其法非止一端而孔子答顔淵問爲邦但以行夏之時乘殷之輅服周之冕樂則韶舞爲言説者謂之四代禮樂然則帝王致治之法禮樂二者足以盡之乎宋儒歐陽氏有言三代而上治出于一而禮樂達于天下三代而下治出于二而禮樂爲虚名當時道學大儒稱爲古今不易之至論今以其言考之上下數千餘年致治之迹其在可舉而論之乎夫三代而上無容議矣漢高帝嘗命叔孫通定禮樂召魯兩生不至謂禮樂積德百年而後興厥後三國分裂其臣有諸葛亮者而世儒乃或以禮樂有興或以庶幾禮樂許之蓋通與亮之爲人固不能無優劣要之于禮樂能興否亦尚有可議者乎

我國家自

太祖高皇帝以神武創業

聖聖相承百有餘年禮樂之制作以時以人宜無不備矣然而治效之隆未盡復古豈世道之升降不能無異耶抑合一之實猶有所未至耶朕祗承丕緒夙夜惓惓欲弘禮樂之化益隆

先烈而未悉其道子諸生其援據經史參酌古今具陳之朕將親

覽焉

臣 倫文叙

臣對臣聞君天下者有致治之大法有出治之大本禮樂者致治之大法也天德者出治之大本也大本具而後大法可立大法行而後本以彰本末相資內外一道不可以差殊觀也然大法行于天下非智術所能爲大本存乎一心非掩襲

所能得必其性諸天者渾然完具初無一毫之虧欠則其施

諸治者粲然明備可以四達而不悖矣苟法有未備固無所

恃以爲治而本之不純抑又何以立夫法哉傳曰有天德便

可語王道其以是歟欽惟

皇帝陛下禀聖神之資際盈成之運存心養性以培植天下之根

本者無一日之不謹化民成俗以恢弘天下之治道者無一

事之不周矣但善之可爲者人自以爲不足世雖極治聖人

猶以爲未然是以

側席求賢

臨軒策士詢臣等以禮樂之治上稽唐虞三代之盛下逮漢

唐宋之得失暨

祖宗創業垂統之善

今日保邦致治之規誠有天下之遠圖安天下之至慮也顧臣學術膚淺何足以語此然有問而對者臣之職有懷必吐者臣之願敢不罄一日之敷言以答千載之奇遇哉臣惟天地之道至大也陰陽之理至妙也而造化發育固未嘗不著見乎兩間觀其物各付物而不可以強同則天地所示者一自然之序而爲禮也絪縕化醇而不容以獨異則天地所示者一自然之和而爲樂也惟古之聖帝明王與天地合德與陰陽同運發中正而大本以立樂和平而大本以端于是以一身之中和爲天下之中和以一人之禮樂爲天下之禮樂辨方正位體國經野設官分職以立天下之紀綱一制度尚明等威正稱號以定天下之名分用天時因地利揭天常立人紀以廣天下之政化以至親疎小大尊之體朝會交際

爲之郊宮室器用爲之飾吉凶哀樂爲之節以備天下之典則使天下之事莫不各得其序而人樂以持循夫是之謂禮天下之物莫不各適其和而人興于鼓舞夫是之謂樂禮樂備而天下之治畢矣故孔子荅顏淵爲邦之問不過以夏時殷輅周冕韶舞爲言尹焞因謂之四代禮樂則凡古今致治之法皆不出于禮樂二者而禮樂之外妄復有所謂治法者哉降及後世求治無本如摭其文以用于郊廟朝廷之間不推其意以及于閭閻里巷之下宋儒歐陽修謂三代而上治出于一而禮樂爲虛名大儒朱熹因謂萬世不易之至論良有以也臣請得而論之堯舜禹湯文武之聖精一執中皆極夫淵微之妙建中建極皆純乎義理之天惟其爲德之純故政事之所修明治化之所旁達雖未嘗明言禮樂于天下而

其通變之宜衣裳之垂璣衡之察玉帛之修與夫欽昊天而授人時畫井田而備封建昭典礼而嚴命討祀神祇而奠山川者率皆禮樂之用也雖未嘗顯禮樂于四方而其文命之敷人紀之修咸和之用由舊之政與夫關石和鈞具于王府正朔服色易于革命九一世祿行于治岐五教三事重于武成者率皆禮樂之行也蓋不出乎經世宰物之典而得鼓動作興之機不外乎民生日用之常而寓漸摩誘掖之道所治莫非教所教莫非治政治禮樂初無二途是以二千年間經制大備政教大同禮樂之化自家國以布濩乎天下自朝廷以流及于萬國咸有以淪人肌膚浹人骨髓致人人有君子之行比屋有可封之俗者合唐虞夏商周而同一轍焉所謂治出于一而礼樂達于天下者以其治之有本故也若漢唐

宋之君具寛大之德者不如堯舜之至仁抱英雄之略者類非湯武之大勇惟其德之不純故雖制禮作樂之命後先相聞蕞儀審音之奏影響皆不絶然徐考其所務以爲治者則九章之法十五之稅南北之軍以爲開基之偉制習射殿前更定律令職省吏員以爲貞觀之政要收藩鎭之權嚴兵様之選定覆奏之獄亦視爲立國之規朝夕從事以爲治民之政至其制作所成謀議所定則雖就之儀掌于太常大風之歌奏于原廟事文具則皆貞觀之儀耀武功則崇七德之舞劉温叟所定猶雜先朝之遺和峴所奏未諧聲氣之元别其名目以爲禮樂之教是皆求治于抑勒操切之餘而不知其陷于俗吏之非立教于聲容器數之末而不知其流于文史之僞所治非所教所教非所治政治禮樂岐爲二致是以千有

餘年經制荒忽政刑苟紊置先王之粗迹以爲有司之藏釆古法之遺畧以備斯須之用妖聲艷辭無補于時政之缺失虞餙美覌莫拯夫世變之下移雖其享國亦彷彿乎帝王之歷年而其風俗則不逮帝王之季世者合漢唐宋而同一揆焉所謂治出于二而禮樂爲虛名者以其治之無本故也漢高祖因羣臣肆拔劍擊柱之失叔孫通行共起朝儀之請乃曰可試爲之又曰度吾所能者爲之則其所求者固已非三代之典而其所委者又復無九官之臣此積德百年之語所以來两生之卻而綿蕞野外之習姑以徼小就之功則其君臣之所自許與其志願之所自足者從可知矣是其時雖君可乘也而無可爲之人禮樂之所以不能興也諸葛亮感先主三顧之勤不爲两漢中興之佐立綱陳紀而不爲近圖廣

德率義而不爲小惠庶政欲其精練萬事提其根本則其施爲之規已得禮樂之遺意矣使天祚漢假之以年將見開誠布公之治雖未敢必其匹休前古而光明俊偉之業當有以决其度越後世矣王通謂其禮樂有與程頤謂其庶幾礼樂豈無見乎是其人雖若可爲也而無可乘之時礼樂之所以不復興也我

國家自

太祖高皇帝以聖人之德御聖人之位用夏變夷爲民立極酌古準今以建一王之法因時創制以定萬世之規暨于

列聖率循成業以爲永圖肆我

皇上益隆繼述以期光大華夷一統百有餘年固非蜀漢之偏安

重明繼照世德作求下陋漢高之不學是宜礼樂之道掀天揭

地超出乎百代之表礼樂之化風行海流大被乎九圍之内

然鳧鷖既醉之什尚未歌乎審音之瞽而鳴條破塊之変容

或紀于上事之臣堂陛深嚴而吁咈之風未著教化流行而

禁網之密未紓萑苻之擾間見乎潢池絺綺之習下成乎閭

巷治效之隆未盡復古誠有如

聖諭所云也將謂世道有升降之異耶向使漢唐宋之君有堯舜

湯武之德而其臣有臯夔伊周之賢則王通著七制之書未

必爲後世之僭經而唐史贊文皇之辭亦遂爲不刊之實録

也今以

君明臣良之時當重熙累洽之盛所以持乎世道者特在

陛下决取舍之幾而所以維持世道者亦在大臣竭贊成之力耳

復古之治臣切望焉若謂合一之實有未至耶則我

祖宗爲治之道即禮樂之道

陛下保治之法即禮樂之法固無所謂出于二矣但其道至大非一人之所優爲其法至廣非一日之所能盡朴略于風氣未開之時不能不藻飾于人文漸著之世草創于文武更始之初不能不大備于成康繼体之後今求夫爲治之實其亦有不能盡合于一者乎伏願

陛下上体

天心懋隆峻德涵养情性致極中和以端出治之本詳審樞机修明体要以成致治之法使天下之政皆出乎天理之公而後世人欲之私有所不用天下之務皆由乎道義之正而後世法禁之術有所不行始見著于閨門與于朝廷被于鄉遂比鄰達于諸侯四海自祭祀軍旅至于飲食起居未始一日不

在礼樂之中亦無一人不被礼樂之化所謂至礼不讓而天
下治至樂無声而天下和近可以匹休于
祖宗遠可以比隆于前古而漢唐宋之治不足言矣雖然出治之
本固在于德而修德之本則豈外于學哉尤願
陛下于退朝之暇清燕之餘注意于聖經賢傳之蘊留神于古訓
時務之宜端本澄源以肅此心之敬防微慎獨以閑外至之
邪御
經筵不徒事講說之勤必求夫明善誠身之實開言路不徒侈
獻納之廣必盡夫省躬克己之誠治乱興衰之源在所周知
民情物態之变亦悉
聽覽則
聖學聿新治效隨著礼樂之用達于天下而無間矣尚何合一之

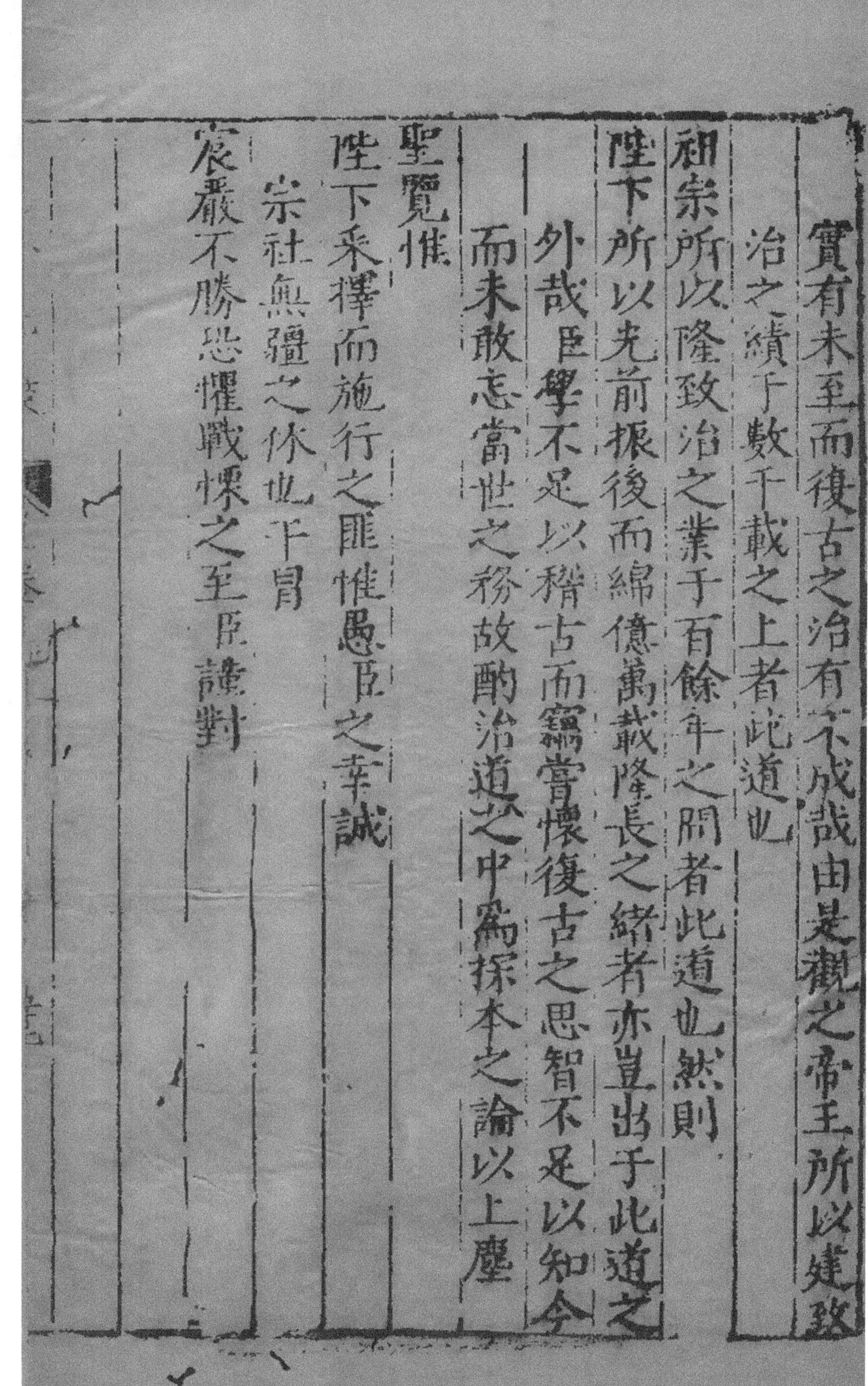

實有未至而復古之治有不成哉由是觀之帝王所以建致
治之績于數千載之上者此道也
祖宗所以隆致治之業于百餘年之間者此道也然則
陛下所以光前振後而綿億萬載隆長之緒者亦豈出于此道之
外哉臣學不足以稽古而竊嘗懷復古之思智不足以知今
而未敢忘當世之務故酌治道之中爲探本之論以上塵
聖覽惟
陛下采擇而施行之匪惟愚臣之幸誠
宗社無疆之休也干冒
宸嚴不勝恐懼戰慄之至臣謹對

丙辰科弘治九年

皇帝制曰朕惟君人者必有功德以被天下則學與政不可不盡心于斯二者何先夫非學則無以成德非政則無以著功論者或謂帝王之學不在文義或謂天子之儉德乃其末節或謂人主不親細事或謂聖王不勤遠畧是宜有大于此矣然則其所當務者何居二帝三王之德所學者何事二帝三王之政所見者何功漢唐宋代有令君而功德鮮備躬行德化者經制或不究民安吏稱者德教或不純或四夷服從而大綱不振或仁厚立國而武略不競是學與政容有可議者其得失何如我

太祖高皇帝

太宗文皇帝神功聖德冠絕古今

列聖相承繼志述事各臻其盛所以致此者何由朕嗣承大統圖底治平茲欲守宋臣所進之五規去唐相所陳之九獘行漢儒所對之三策以上追古帝王庶無愧于我祖宗功德之大其所爲根柢者何在子諸生學道抱藝而來皆志于世用宜有以佐朕者試悉陳之朕將體而行焉

臣朱希周

臣對臣聞帝王之爲治有體有用德與功之謂也德以學成而爲治之體功以政著而爲治之用二者可相有而不可相無者也蓋帝王未嘗有無功之德亦未嘗有無德之功德而無功有體而無用者也功而無德有用而無體者也體不立用不備皆不可以言天下之治然于此又有說焉德之淺深由乎學之精粗功之大小繫乎政之純駁帝王之德天下之

大德也帝王之功天下之大功也然則帝王之學與政亦獨非天下之大而可以小視乎哉故有志于功德者必以學政爲務而從事于學與政者亦必有所當務苟不知務其大而專事其小則其學也支離偏曲而不足以成大德其政也瑣屑細碎而不足以著大功尚何天下之治之足云乎哉由是論之則二帝三王之所以功德兼隆漢唐宋之所以功德鮮備及我

聖祖

神宗之所以上追帝王而下軋漢唐宋者槩可得而知矣欽惟

皇帝陛下有生知安行之資有持盈守成之道

深仁厚澤浹洽于人心

盛烈豐功覆冒于天下而猶

体道謙冲惟曰不足迺于
萬幾之暇特進臣等于
廷俯賜
清問講求至理必欲追唐虞三代之盛治紹
祖宗
列聖之洪猷而舍漢唐宋于不爲甚盛心也臣荷
國家作育之恩預有司薦拔之列敢不勉竭愚衷以對揚
休命之萬一乎臣惟天降下民而作之君人君以一身爲天下
民物之主其勢亦尊矣其責亦重矣其所以治天下者豈苟
然哉盖必有帥天下之德以立治之体必有安天下之功以
達治之用有其功無其德則教化不成風俗不厚雖使戡定
禍乱臣伏四夷固本無自而立也有其德無其功則紀綱不

立威令不行雖使仁心洋溢仁聞宣昭國勢無自而張也二
者或闕其一雖欲言治皆苟而已然究其緩急之序度其輕
重之宜德成而功著者有矣德不成而欲其功之著不可得
也體立而用行者有矣体不立而欲其用之行不可得也故
善爲治者必由体以達用善言治者必先德而後功至于推
本而言則德不能以徒成其成也在乎學學則有講習討論
之事省察克治之功所以培養乎其德者也功不能以苟著
其著也在乎政政則綱紀文章之事法度品式之施所以充
積乎其功者也顧帝王之學與韋布之士不同帝王之政與
有司之職亦異試以古人之言論之好文盛事也而程顥則
謂帝王之學不在文義蓋經世大法備載方冊務得其要措
之事業斯其爲大者耳尋章摘句何足尚耶崇儉美德也而

柳公權則謂天子之儀乃其末節蓋親賢人退不肖納諫諍明賞罰斯其爲大者耳片長寸善何足多耶躬親庶政者人皆以爲勤而杜黃裳乃有人主不親細事之說蓋其大者慎選賢才以分其任而已若庶務之煩則錢穀責内史獄訟責廷尉何必事事而親之哉威靈及遠者人皆以爲武而胡寅乃有聖王不勤遠畧之議蓋其大者專務治内以固其本而已若夷狄之性則來者不拒去者不追何必人人而服之哉夫知其大者之所當務則其小者有不足務矣試以古人之事論之功德兼隆者莫若二帝三王其見于書則堯之欽明文思舜之溫恭允塞禹之彝倫攸敘湯之人紀聿修文武之純亦不已建其有極德莫有大焉者矣原其所以爲學則雖不必學知利行而執中之傳精一之訓審言之樂闡明命之

顓頊以至敬止之詩册書之載一皆身心性命之理而非學之小者也凡若此者何莫而非德之所自耶堯之敬天勤民舜之設官分職禹之修和府事湯之子惠困窮文武之咸和萬民大賚四海政莫有大焉者矣要其所以爲功則雖不必家賜人益而黎民之於變四方之風動萬世之永賴兆民之永懷以至萬邦之作孚萬姓之悅服一皆彌綸參贊之業而非功之小者也凡若此者何莫而非政之所致耶三代而下稱盛治者以漢唐宋爲首其開創業之英君守成之令主代不乏人然而有德者或闕于功有功者或闕于德漢之文帝化民以躬率下以德庶乎德之純矣而禮樂未興正朔未以迹其所爲多失之因循而不能革羸秦之陋宣帝吏稱其職民安其業庶乎功之爽矣而專事刑名雜用王霸考其所存

一出于苛察而卒以基元成之乱單于稽顙絶域奉貢唐太

宗之四夷服從功可嘉也[illegible]乎人倫之間內多慚德陷父不

義而父子之道[illegible]推刃同[illegible]而兄弟之恩薄大綱已甚不正

矣事周后如妍[illegible]帝如子宋太祖之仁厚立國德可尚也

惜乎兵權既收綠[illegible]無備其始雖足以戢姦雄之變其後漸

無以禦外敵之驕武畧已微不競矣徒知文帝太祖德優于

功宣帝太宗功優于德求其功德兼隆者未之聞焉所以然

者盖以言乎學不過縱事虚文而無修身之大要故功雖小

著而不足以成其德用雖行而体則缺矣以言乎政不過補

塞罅漏而無經世之遠圖政德雖小成而不足以著其功体

雖立而用則闕矣其不能企及乎唐虞三代之治安足怪哉

洪惟我

太祖高皇帝恭
天成命肇造洪業用夏變夷復綱常于淪斁之後除殘去暴拯生
靈于塗炭之餘
太宗文皇帝定制兩京光前裕後振兵威于四夷而
聖武之布昭明理學于萬方而
王化之覃被其德之大也無異于二帝三王之德其功之大也實
倍于二帝三王之功自是以來
聖聖相承
仁宗昭皇帝勵志圖治推誠任人
宣宗章皇帝博典綏猷立法垂訓
英宗睿皇帝剛明獨斷奮發有為
憲宗純皇帝聖孝昭彰至仁不殺皆善繼

祖宗之志而奉承之無闕皆善述

祖宗之事而遵守之無遺所以致此者固非言語之所能形容要亦不出乎學與政而已蓋其爲學一帝王之大道而非章句文義之間其爲政一帝王之大法而非制度文爲之末臣請舉

聖學之一二言之疏尚書洪範于座右書大學衍義于廡間表章六經以發聖賢之蘊奧採摭羣言以明性理之淵微此

祖宗之學也

列聖繼之數御

經筵躬親著述備人極于

五倫之書詳君道于

文華之訓何莫而非學之大者哉臣請舉

聖政之一二言之禮正百官樂成九奏用人有道而諂訟爲之去行馭戎有法而強虜爲之遠遁此

祖宗之政也

列聖繼之或詢民隱而急農事或減稅歛而輕刑罰或創課種儲荒之制或加宣聖樂舞之儀何莫而非政之大者哉

功德之大

繼述之隆有由然矣今

陛下當累世熙洽之時纂隆古文明之治方有擇于近代之君而不爲顧有取于近代之臣而不棄豈不以言近指遠登高自卑姑舉其必可行之端以示其大有爲之志乎昔宋司馬光之于仁宗嘗進五規一曰保業二曰惜時三曰遠謀四曰謹微五曰務實誠不可以 守也唐陸贄之于德宗嘗陳九弊

謂矜勝人耻聞過騁辨給眩聰明厲威嚴恣剛愎六者君之弊諂諛顧望畏愞三者臣之弊誠不可以不去也漢董仲舒之于武帝嘗對三策其一則正君心以正四方立教化以防萬民其二則欲置明師以養士責大臣以求賢其三則欲定法制以革奢靡持一統以息邪說誠不可以不行也此三言者皆該學政之綱蘊合體用于一致天下之治實不外是苟徒纂其言而不究其根據之所在則守之者無法去之者無術行之者無與亦何以遠邁帝王延漢

祖宗而大其功德于天下耶是故

祖宗之德大矣而其所繇成者在乎學今日欲則于

祖宗之功者可不自政始乎

陛下之所以爲學亦惟即三聖之言而推之戒謹不睹恐懼不聞

微畏寸獨知之地不以暗昧而或欺省察于方動之幾不以
細微而或忽則五規之所自守者在是矣善與人同改過不
吝不知有餘在己不足在人不必得爲在己失爲在人則九
弊之所自去者在是矣體天心以爲心法天道以立道窮理
以致其知反躬以踐其實究治亂興衰之源謹動靜云爲之
際則三聚之所自行者在是矣如是而德不大者未之有也
陛下之所以爲政亦惟舉三臣之言而措之致治于未亂保邦于
未危務勤勞而戒驕惰畏天命而遴人窮拔本塞源以防禍
患之萌循名責實以立政治之本則得乎五規之遺意矣遠
邪佞之人通端直之士溫辭色以盡下情廣諫爭以開言路
言之善者采之而不棄言之未善者容之而不責則得乎九
弊之深戒矣大綱正而萬目張一法行而百度舉因革損益

各適其宜先後緩急各循其序不牽滯于後世駁雜之政不遷改于流俗因循之論則得乎三策之大要矣如是而功不夫者未之有也夫學之與政固不可以偏廢然不先之以學則無以考聖賢之成法識事理之當然凡天下之事不知何者爲是何者爲非而是非或至于混淆凡天下之人不知何者爲正何者爲邪而邪正或至于錯雜亦何以爲政于天下哉此古之善爲治者所以不徒恃乎政而必有學以爲之本也若夫爲學之事臣前以論之矣而所以爲其事者亦有道焉孟子曰學問之道無他求其放心而已蓋心者人之神明所以具衆理者在是所以應萬事者在是放心不求則外有講學之名而內無自得之實雖曰從事于學而亦安能有所發明耶臣願

陛下堅持此心不爲外誘之所移善養此心不爲物欲之所累主之以敬守之以勤存者操之而使存出者約之而使入勿貳以二勿參以三勿一暴而十寒勿朝作而暮輟則志氣清明義理昭著會之于心而默識心融體之于身而躬行實踐爲學之功盡善盡美而無罅隙之可議矣學既至則政無不備體既立則用無不行由是功德之大遠可以追帝王近可以配

祖宗而凡近代之君小康之治有不足言矣臣道不足以明體藝不足以適用然今日之所陳者一皆聖賢之明訓先儒之格言而非敢以私見臆說進也惟

陛下採納而施行之則天下幸甚萬世幸甚臣干冒

天威不勝戰慄之至臣謹對

癸丑科弘治六年

皇帝制曰朕惟三代而下論守成之君必以漢文帝爲首史稱其時海内殷富興于禮義斷獄數百幾致刑措朕嘗慕之不知文帝何修而能得此考之當時或賜民田租之半或盡除之殷富之效蓋出于此然貢助徹之法雖三代亦所嘗行而况于廣乎使除田租則當時宗廟之祭祀百官之俸給四夷之征伐皆不可已者將何以給用度乎仰惟

皇祖肇造區夏罔不臣服百二十餘年以來生齒蕃繁疆域益廣非前代所及今歲郡縣上版籍于户部其數具存可謂庶矣休養生息之餘宜其富而可教也然閻閭巷田野之間不免凍餒無聊之嘆且頃因水旱河决之患尤多流移失業之人安在其爲富也是以勸諭雖切而循理者尚少赦宥雖頻而

犯法者愈甚又安在其爲可教也夫衣食不足則禮義不興而民輕犯于刑辟亦勢之所必至者其將何以處之蓋古之御天下者既庶必有富之之術既富必有教之之方將患不能行之耳朕承

祖宗鴻業圖惟治道每有志于隆古帝王之盛不但文帝而已爾諸生抱道而來將見于用其于庶富教三者先後本末凡古人之成效今日之急務悉心以陳朕將親覽焉

臣毛澄

臣對臣聞有天下者思有以安天下必思所以安天下蓋天下之民固人君之所當安而民之所以安非人君以一身爲天下先不可也故必在我者無所慊于民乃可以富民于既庶之餘又必在我者有足法于民乃可以教民于既富之後

庶且富焉則道之者至而民罔或干于正此古之帝王所以
躋一世于阜成作百王之模範而三代以下若漢之文帝其
亦可謂庶幾乎此焉者矣欽惟
皇帝陛下撫盈成之運當豐盛之年聰睿有臨得之天縱日月所
照悉歸版圖所謂能致之資必致之勢蓋兼而有之矣如臣
等一介草茅未諳治體迂踈之論豈足以仰裨
德業之隆而
明命下臨天章煥爛詢及乎庶富教之事眞誠懇惻曾無一毫
自大自滿之心臣伏而讀之有以見
陛下克讓如唐堯好生若虞舜足以荷
天眷之休足以承
祖業之重足以爲億兆之

君師而無歉也三復敬歎之餘敢不竭其愚衷而對揚萬一乎臣
惟天生斯民立之司牧而寄以三事曰庶曰富曰教而已庶
而不富則無以厚民生富而不教則無以正民德斯誠治道
之不可缺者君人者于此有失得而治效之隆替隨之故自
昔守成之君夏有啓商有高宗周有成康降是而下則漢有
漢文帝誠如
聖策之所云者然較諸古之帝王則其德之醇疵治之大小不能
無所分辨而
聖心嘗慕之者所謂聞一善言見一善行沛然若決江河而從善
之在文帝其可取者尤非止于一端也觀其席高祖新造之
基啓西京道古之治家無不給人無不足而殷富之效臻吏
安其官民樂其業而醇厚之風作兵革庶乎不試刑辟幾乎

不用所以然者蓋不惟其時爲守令于郡縣者尚寬平而崇德化亦以其修乎身而後施諸天下凡治本之所存治其之所出咸縣得之故其宮室苑囿車騎服御稍有不便輒拋以利民欲作露臺召匠計直一聞百金之費則惜而不爲衣則弋綈也履則革舄也集囊爲帷也編蒲爲席也所幸夫人衣不曳地也治霸陵皆瓦器不得以金銀銅鐵爲飾也欲厚風俗則止嗇夫之拜除誹謗之法欲恤民隱則今年議賑貸明年減田租詔舉賢良而求直言之士躬耕籍田以先務本之民時有獻千里馬者輒下詔卻而不受陳武建征伐之議則曰念不到此也賈生陳改正朔易服色定官名之請則曰未遑也即此類而推之則其時宗廟非無祭祀之禮也百官非無俸給之需也四夷非無征伐之費也上有節儉之君下無

侈靡之習儲蓄于公私者取之不窮應辦夫緩急者度其可
繼用租雖除用度自給無可疑者不然何責助徹之法雖三
代亦所常行而漢乃有蠲賦之年哉我
太祖高皇帝備自古帝王之德膺
上天曆數之歸汛掃胡元輯寧中夏尺地莫非其有一民莫非其臣
列聖相承
仁恩四洽百二十餘年生齒之繁疆域之廣盈加于前漢唐方
亨之際晉宋未遑之先莫盛于
今日者仰惟
陛下蒞祚之初廣離照之明奮乾剛之斷威福作于惟辟政事修
以及時刑獄不煩而法吏無私名器不濫而士風以正罷無
名之征歛停不急之造作革奢僭之陋習放淫哇之邪聲斥利

無不興弊無不去蓋予
聖祖之良法遵用之也無遺而予
聖祖之美意奉承之也無間是以萬方之大兆民之衆衣食足而
惟然于仰事俯育之天禮義興而勃然于改過遷善之地四
序調于上萬物和于下雋賢無載戎夷嚮風此豈無自而然
哉良由
陛下之所以富教斯民者不徒崇富教之具而又端一身以爲富
教之本故也然天下之大人君不能以獨治必有分其任者
遹年以來爲
陛下分富民之任者非無其人也而求其催科弗急加意于民情
之休戚者其人鮮矣爲
陛下分教民之任者非無其人也而求其化導不倦究心乎民俗

之淳漓者其人亦鮮矣夫爲

陛下富民者既非其人則雖無水旱河決之患而民之流移失業者猶或有之況復罹此患耶然則何怪乎閭巷之間不能無凍餒田野之內未免于無聊哉夫爲

陛下教民者既非其人則雖無凍餒無聊之困而民之作奸犯科者猶或有之況復值玆困耶然則何怪乎勸諭切而循理者少敝者頻而犯法者甚哉蓋饑寒切身則行其貪黷利欲汩志則命同螻蟻凡民之情大抵然也衣食不足則禮義之不興也固宜禮義不興則其刑辟之輕犯也亦宜矣爲今之計慮之不可不早而處之不可不善慮之早則無以痛于方來處之善則有以補乎既往若不求其弊端所在而並去之以銷弭民自前之患臣恐弊日以積患日以深而所以軫

淵衷之念于將來者安知不有甚于今日者耶然所以貽天下之患者人也而所以布天下之利者亦人也故不患民之不富而患在官者無富民之人使天下之爲有司者皆闢土勸耕之張堪也皆植桑訓織之范純仁也則于足衣食也何有衣食足而禮義不興者未之有也不患民之無教而患在官者無教民之人使天下之爲有司者皆閉閤思過之韓延壽也皆化民以德之仇香也則于興禮義也何有禮義興而刑辟輕犯者亦未之有也雖然民之不富固有司之責也而有司之不能富其民獨非擇有司與勸懲有司者之責歟民之無教固有司之責也而有司之不能教其民獨非擇有司與勸懲有司者之責歟蓋有司之將用其才與否秉銓衡者得擇之而有司之既用其才與否司考課者得勸懲之斯二者

朝廷託之重而有所恃者也必二者得人而後可以望有司之
賢必有司皆賢而後可以求天下之治茲固勢之必然者而
陛下以一人主天下民物于上則凡責之大臣責之有司者又孰非
陛下之所宜自責耶何者表之端者其影直源之絜者其流清
陛下念民之未盡富而所以自奉者誠能節財儉用以示朴于天
下則內外遠近無不體
聖心之崇素而一化于儉害財者皆不為而民可富矣况所謂大
臣有司者能節用必能愛人孰忍孤
陛下富民之託哉
陛下念民之未盡教而所以自治者誠能克己慎獨以立的于天
下則賢愚貴賤無不仰
聖德之罔愆而同歸于正踰分者皆不作而民可教矣况所謂大

臣有司者能成己能成物孰忍孤

陛下教民之託哉故曰君仁莫不仁君義莫不義又曰君子之守

修其身而天下平此詩所以有其儀不忒正是四國之咏漢

董子之告君亦曰探其本必君身始蓋確乎不可易也漢文

守成之善今日區處之宜見于

聖策之所先及者臣既述其事論其理如此竊覩

聖策至終篇見

陛下遠想古之帝王富天下有術而教天下有方思舉行之以繼

其治功之盛且于庶富教之三事責臣等悉心以陳其詳臣

之所欲言者上之所欲言者上之所陳已露悃愊敢復申其

説于

清問之下

陛下幸無厭焉蓋古之御天下者既庶必思所以富之而制田里
薄賦斂則其富之之術也既富必思所以教之而設學校明
禮義則其教之之方也富之之術教之之方布在方策而後
世之所以治不古若豈獨富之者無術而教之者無方之過
哉顧爲治不能無法而用法不可無人苟非有文武之君文
武之臣决不能舉文武之政臣故僭言今日之患凡予
陛下承富教之託者宜任其咎而又不量淺深妄勸
陛下以其責臣下者反之以自責也至若庶矣而富富矣而教此
孔子所以告冉有者見于論語其説甚明而孟軻勸齊梁之
君行王者之政亦不過欲其乘地辟民聚之勢而養以農桑
繼以庠序初無異于孔氏之説然得道者多助而刑政之效
終不若德禮之深德教之行必始于巨室之慕亦孔孟之遺

論也故以先後言之則庶先乎富富先乎教而君身尤其所
先以本末言之則教本于富富本于庶而君身爲本之大身
也者爲事之根本爲化之權輿古之聖賢出處異時窮達異
地未嘗不慎重于斯而治之汲汲也故庶人微矣爲庶人者
且不可以不修身而況履帝位之尊一家近矣正一家者且
不可以不修身而況治天下之大者所求于人者重而所以
自任者輕則君子病之
陛下以至儉崇養德之基以至仁立修道之教動靜存誠蚤夜居
敬其于正身以爲天下倡者蓋不可以有加矣而臣所以效忠
陛下者于此尤諄諄焉此固臣子望
君無已之心也臣不敢謄說請舉已然之跡徵之粤稽諸古教民
稼穡則稷爲之敬敷五教則契爲之憂之顓俊尊帝商之敷

求哲人文王用五人而有夏修和武王臣十人而萬姓悅服
帝王之富教天下不獨恃乎己而必資乎人蓋如此然堯則
峻德之克明舜則重華之協帝禹絕旨酒而拜昌言湯齊聖
敬以懋厥德闇丕顯之謨者柔恭保民著丕承之烈者聰明
作后帝王之富教天下不獨資乎人而必本諸身又如此我
太祖高皇帝肇造鴻業久享天位所以立法貽謀爲億萬載無疆
之休者其盡善盡美不異古帝王所以富教天下之道而周
容過之
陛下嗣守丕圖于茲六載
憂民肫切
降詔丁寧治之所期必欲追隆古帝王之盛而不滿乎漢文帝
之爲大哉

皇言偉哉

聖志臣知

陛下必能踐斯言于無貳淵此志于不遷而有以弘莫大之業也

然不致力于本之所當先而徒盡心于末之所可後亦何由滿

陛下之願哉故今日之務固多不可已者而在

陛下所安則自修身之外皆可緩議而徐圖之必也精擇善利勇

决取舍超然遠覽深惟至計慕遜沸之爲恭思儆戒之可樂

兢兢如堯業業如舜克艱如禹祗且如周亦臨亦保如文不

泄不忘如武屏玩好而親經典遠邪佞而邇端直畏天之命

悉下之情審時之宜定

國之是凡

聖祖之所以作于前而傳于後[illegible]其意之宏深推致其利之

廣大志焉思繼章焉思[illegible]……[illegible]章之詩不忘乎心鑒于成

憲之書常在乎目操持一[illegible]不一時而少縱不一事而少差如

陛下潛作之初而愈益勤勵[illegible]……儉約愈益謙恭則一念慮無非

正心一云爲無非善道將[illegible]見推無不準動無不化公卿勵其

職于

朝守令勵其職于郡縣四海之內如風行草偃莫不順從凡

陛下之所憂于天下者不治而自治矣古人有言遵先王之法而

過者未之有也臣既以古人之成效可以爲法于後世者略

陳于前又言堯舜之知而不徧物急先務也臣又以今日之

急務在下

陛下之一身者懇懇陳于後惓惓愚衷不外乎此惟在

陛下俯聽而用之耳蓋人主開求言之路必將有聽言之實人臣

遇得言之秋不可無獻言之誠昔之愛君者其言若此臣嘗
誦之以自警天幸遇其秋于可言之
朝而不獻其誠于聽言之
主是負所忘于平日也故雖言無可采不敢不盡然
睿覽之下倘以其得千慮之一而不忍棄焉則豈特愚臣之慶
幸哉臣干冒
天威無任戰慄殞越之至臣謹對

庚戌科弘治三年

皇帝制曰朕惟天子父天母地而爲之子凡天下之民皆同胞一氣靡所不統故又曰大君者吾父母宗子宗子繼承父母君主天下其責甚大必養之有道教之有方舉天下之民無一不得其所責斯盡焉古之君天下者莫盛于唐堯虞舜夏禹商湯周武皆克盡宗子之責號稱至治其後若漢若唐若宋英君誼辟宗子之責或盡或否而治亦有稱其蹟具載在史可考而論之歟夫自唐虞而下諸君宗子之責無不同當時制度之立政令之行又無不同而要其治效之所至乃有不能同者此固世道之漸降然爽考其實亦尚有可言歟前賢論儒者之道每以位天地育萬物參天地贊化育爲極至于是宗子之責有相關歟朕膺

天命嗣守

祖宗鴻基宵旰孳孳思盡宗子之責比隆古之聖帝明王其行之之序自何而始歟子諸生飽經飫史以待問必有灼然之見其詳著于篇朕將親覽焉

臣錢福

臣對臣聞人君盡代天之責以成配天之治者皆一心之用也蓋心者天之所以與我者也天下者天之所以責我者也天不能自養乎民而責我以養天不能自教乎民而責我以教所以與我者與人同而所以責乎我者獨備故凡所以教養乎天下者必反而求之乎心天下雖大一心運之而有餘矣苟不求之天之所以與我之心而徒務乎責我者之事則爲之而不得其本施之而不得其序養民雖勤而終非仁心

實惠之寓教民雖悉而終非躬行心得之世欲天下民物之各得其所亦難矣天下之有一不得其所則天之所以責我者不能盡是天地自天地民物自民物而吾身自吾身尚得爲天地之宗子乎哉天如此其高地如此其厚而吾之治如此其小尚得爲配天之治乎哉書曰天佑下民作之君作之師惟其克相上帝寵綏四方易曰治以財成天地之道輔相天地之宜以左右民皆言人君受天與之全任大責之重必當盡是責以成是治也然要其所以爲之者豈出于一心之外哉即是而觀則唐堯虞舜夏禹商湯周武之底于盛治漢唐宋之僅爲小康與今日之欲比隆前古者蓋必有說矣洪惟

皇帝陛下鍾天地之粹氣稟天地之全德以撫有普天率土之人民臨御以來勵精圖治凡可以當天心慰人望者無所不用其極

誠可謂大有爲之君
君可謂善繼述之
宗子矣然乃不自滿足肯進臣等于
廷詢之以父母宗子之責且謂儒者之道以位天地育萬物參
天地贊化育爲極至而求行之之序所自始焉臣有以見
陛下之心真知儒道之至重深圖君責之惟艱蓋欲無一念之愧
乎天無一事之愧乎古無一制度無一政令之不得其宜無
一制度無一政令之不得其宜無一民一物之不被其澤而
後已顧臣愚昧何足以知之然于乾坤之間得與胞與之列
頗名爲儒久荷
教育竊有志乎聖賢之學其于參贊之功家相之事雖不敢與
聞而所得乎天以生之理爲心之所固有者固不容諉于不

知矣敢不援經摘史爲陛下陳之臣惟天子父天母地而爲之子云者此漢儒班固之言也大君者吾父母宗子云者此宋儒張載之言也蓋天下之理未嘗不一而天下之分未嘗不殊故自天地而言則君爲天之子對民物而言則君又爲天地之宗子獨不觀諸家乎一家之中凡繼其祖者均得稱爲宗凡繼其宗者均得稱爲子惟宗子則上承宗祧下合宗族而獨得謂之宗子故冠婚必告之而莫敢專祭祀必主之而莫敢僭富貴必保之而莫敢加貴故以是而尊宗子哉誠以父母所遺之體賴宗子以養父母所遺之業賴宗子以教宗子之所在即父母之所在自不得不以父母尊之也天下之衆凡稟氣于天者均得父稱乎天凡賦形于地者均得母稱乎地惟大君則繼承天地

統理民物而獨得爲天地之宗子故謂其所居之位曰天位謂其所享之祿曰天祿謂其所都之邑曰天邑亦豈故以是而尊大君哉誠以天地所與之形類大君以養天地所與之族類大君以教大君之所在即天地之所在自不得不以天地尊之也向使爲家之宗子者不能教養乎家而家之人有不得其所則一家得以尤之而宗子亦何以逃其責于父母哉爲天地之宗子者不能教養乎天下而天下之人有不得其所則天下得以望之而天子亦何以辭其責于天地哉試以唐虞三代之君天下者言之其養民則敬授人時播時百穀六府孔修輯寧邦家大賚四海也其教民則協和萬邦愼徽五典文命四敷克綏厥猷重民五教也其爲治效則或稽其如天或美其風動或稱其天廸或以爲格于皇天或以爲

配天其澤也其于代天之工皆能大有所爲而宗子之責無不盡也以漢唐宋之君天下者言之其養民則有籍田代田之詔有口分世業之法民籍以定經界以均其数民則石渠白虎之講說弘文廣文之招延博學宏詞之術試看詳學制之有議其爲治效則或雜伯或雜夷或偏安不振不盡民力者不能免向隅之泣與民休息者不能稀役之少寬學待民者不能免闕里之怨嘆尊師重傳而從事乎章句訓詁之文大召名儒而無以變風雲月露之態崇尚理學而無以革詞賦浮靡之習其于代天之功雖或有所爲而宗子之責則不能以皆盡也夫其爲宗子之責本同爲治之制度政令亦畧同而治效所至乃若是懸絕者豈世道之降端使然哉臣嘗求其故矣曰欽明文思曰濬哲文明曰克勤克儉曰克寬克

仁曰執競維烈此其心純乎天天地民物皆其度內所以立制度行政令而教養乎天下者皆心之所爲用也或恭儉是尚而學宗黄老或經術是尚而性多偏吝欲行仁義者大倫咸已虧仁厚有餘者剛斷或不足則其心爲私欲所蔽而不知民胞物與之義雖有制度之立政令之行不過虚文美觀以爲教養之具惡能盡其心之用哉若夫位天地育萬物參天地贊化育云者此則子思之言而亦張載之意也蓋人之一身與天地並立而爲三分雖有高下大小之不同而理氣之貫通者未嘗有間吾之心正則天地之心亦正而天地位吾之氣順則天地之氣亦順而萬物育吾能位天地育萬物則化育之大吾得而贊之天地之高厚吾得而參之儒者之道必極乎此而後可以爲人君必極乎此而後可以爲君可

以爲宗子也唐虞三代能盡宗子之責者此也漢唐宋有宗子之責而未盡者則未極于此也然此豈可以矯僞爲亦豈可以旦夕致哉必自戒懼而約之以至于至静之中無少偏倚而其守不失則有以致吾心之中而天地之所由以位也自慎獨而精之以至于應物之際無少差謬而無適不然則有以致吾心之一而萬物之所由以育也張載亦曰存心養性爲匪懈即戒懼之事也曰不愧屋漏爲無忝即慎獨之事也此欲盡宗子之責者所當知而

今日行之之序所自始焉者也臣草茅跡賤未嘗入侍帷幄親承

旒扆以仰窺所謂戒懼慎獨之功然讀憫災儆變之諭知

陛下有畏天命之心觀守成由舊之政知

陛下有畏

祖宗之心至于人方之進退奏疏之可否有以知

陛下有畏公議之心畏之一言戒懼慎獨之明驗也而臣猶諄諄言之不置者誠以矜持于天下耳目所共及者易爲力存省于一己耳目所不及者難爲功伏願

陛下于萬幾方暇之際一念未萌之時雖不必明堂聽政也而正衣冠尊瞻視儼乎如百官之臨雖不必宣室政齋也而定思慮絶嗜慾凛乎如上帝之對使本源澄徹如明鏡止水照之而無不見使方寸軒豁如空谷虚室納之而無不容及夫卒然之頃一念之萌又必察其果出于天理之公而天下民物所同欲乎則毅然行之惟恐其不力果出于人欲之私而天下民物所共惡乎則斷然去之惟恐其不至愛憎之動則察其所愛而欲近之與所憎而欲遠之者何人喜懼之發則察

其所喜而樂爲與所懼而不敢爲者何事毋曰九重之邃一念之差人不得而知也天下之視聽于是而在焉毋曰五位之尊一事之失人不得而非也神明之昭鑒于是乎存焉斯可謂之戒懼慎獨而天之所以與我者爲無歉矣由是推之以立制度則制度之立此心也推之以行政令則政令之行此心也推是心以養民自有以着保惠賙恤之實推是心以教民自有以爲轉移感動之機至于一法之廢興則曰吾爲天守法非吾所得而輕變也一錢之出納則曰吾爲天惜財非吾所得而妄費也一官之命則曰此天之所以命有德者吾不得而專也一刑之用則曰此天之所以討有罪者吾不得而私也凡吾

祖宗之所貽謀者期之子必行凡古帝王之所垂法者期之于可

行斯可謂之善教善養而天之所以畀我者爲無負矣如是而稱爲天地之宗子真所謂踐形惟肖者矣真所謂聖其合德者矣代天之功烏有不盡配天之治烏有不成儒者之道烏有不極其至哉然臣又聞之周公之告成王曰若生子罔不在厥初生自貽哲命言始之不可不謹也伊尹之告太甲曰終始惟一時乃日新言終之不可不謹也凡臣之所以爲

陛下講始者皆

陛下之所當自貽者也日新之功獨不當加之意乎夫難操而易舍者心也難成而易隳者治也

陛下于今日之所言試以質諸他日之所言者果有異乎今日之所爲試以質諸他日之所爲者果有異乎保守于盈成之間而儆戒于宴安之後持循于奮廸之餘而馴致乎久大之盛

則所以代乎天者有自強不息之功所以配乎天者有純亦

不已之妙天下之所戴以爲

大君所賴以爲

宗子文真足以比隆唐虞三代而不愧矣臣請以是爲終篇獻臣

不勝懇切忠愛之至臣謹對

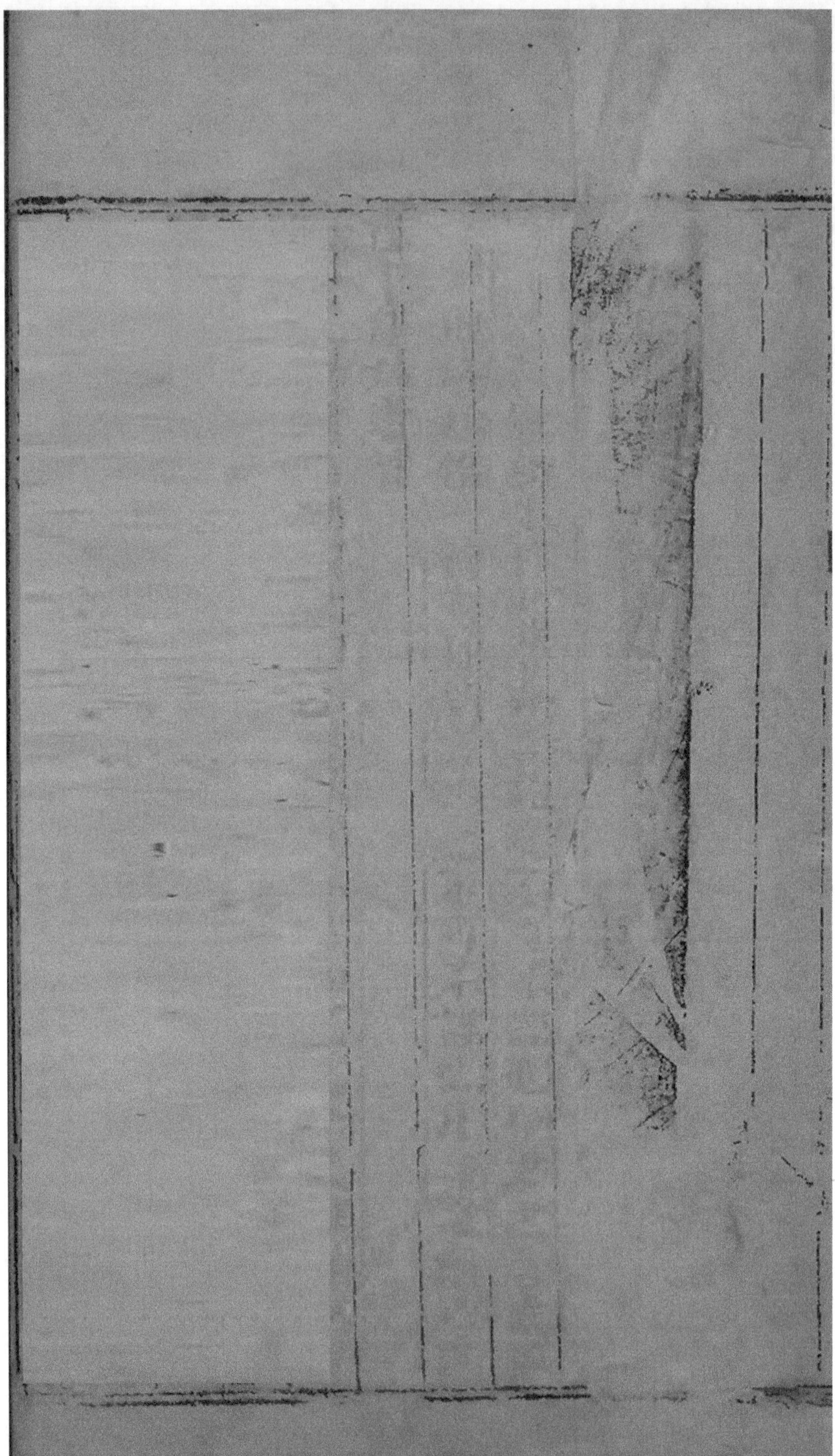

丁未科成化二十三年

皇帝制曰：自昔帝王創造丕圖，必有貽謀以爲長治久安之計。夏商周之跡見于經，漢唐宋之事具于史。朕欲聞其紀綱統體制度得失之詳。迨其嗣世之君欲保成以臻至治，一雖舊典是遵是用，其或久也不能無弊，而不舉之處則亦與其滯補其弊，斯使斯民得被先王之澤，如夏啓、商宗、周宣王是已。而漢唐宋之君亦有能庶幾者乎？朕欲究其舊勳有爲功業可得之實。夫事不稽古，固無以證今；然徒泛論古之人而不求今時之急務，亦非納言之善也。昔朕

太祖高皇帝奄有寰宇，建制垂憲，萬世攸崇。

太宗文皇帝宅兩京，洪謨遠略，光前裕後。

列聖相承，益隆繼述，斯民樂育于熙皞之治已百二十年矣。然治

極而馳理勢自然

祖宗良法美意豈能悉祗承而無斁乎肆朕惓惓以法

祖爲念欲俾内外百司羣工庶職咸思奮庸熙載恪守

典訓而慎行之毋滋偏失不舉名存實爽之譏用期吏稱其職

民安其業中國尊而四夷服風雨時而嘉祥至諒必有道矣

爾諸生皆學古通今有志于用世者其各直述以對毋有所

隱朕親覽焉

臣費宏

臣對臣聞帝王之御天下也有致治之道有保治之道致道

之道存乎法保治之道存乎勤非法無以維天下之勢非勤

無以守天下之法故創造丕圖者必立法以貽孫謀嗣守鴻

業者必憂勤以繩祖武曰紀綱曰統體曰制度皆法之具也

而興滯補弊則勤之實耳創之者以法則國勢尊嚴而有以成長治之業守之者以勤則法度修舉而有以躋至治之休帝王御天下之道夫豈有外于此乎夏商周之治所以卓冠千古以其創之者其法善而守之者其志勤也漢唐宋所以不逮者庸非創之者其法有未善而守之者其功有未至歟恭惟

皇帝陛下乍當嗣統邇撫盈成未嘗臨朝惟

祖宗之法是遵甲夜視事惟

祖宗之法是鑒

臨御以來于茲二紀賢才皆已舉用海内皆已無虞

保治之道蓋已默得于

聖心之妙矣猶不自足乃于

萬幾之暇

廷集多士諮諏治道首舉三代漢唐宋之創業者而欲聞其紀綱統體制度得失之詳中舉三代漢唐宋之守成者而欲究夫奮勵有爲功業可稱之實末復以

祖宗列聖之所以創守爲言而歷夫成法之弊且惓惓以法

祖爲念斯于吏稱民安中國尊而四夷服風雨時而嘉祥至臣伏讀之有以見

陛下知創業之惟艱念守成之不易而欲保熙皞之治于無窮也臣請稽之經訂之史按之當今之務爲

陛下陳之

陛下幸垂聽焉臣聞天下重器也創之至艱守之至艱創之而不知所以創之之道則無以垂治于百王守之而不知所以守

之之道則無以保治于萬世創之之道無他焉臣前所謂法是已守之之道無他焉臣前所謂勤是已蓋法者維持天下之具故帝王創業必建立紀綱經畫統體條陳制度以盡天一之法以貽子孫之謀以爲長治久安之策自京而國自國而天下彼此相維內外相制如身之使臂臂之使指者紀綱之謂也或尚寬大或尚嚴明以此而始以此而終不朝文而暮質以自潰亂者統體之謂也治教禮樂田賦兵刑之類所以經緯天地彌綸民物者制度之謂也然先王之法必有偏而不起之處故致有耗而不行守成者欲保盈成以臻至治又必勤勵不息興其滯以補其弊然後天下之法可以施諸罔極先王之澤可以被及斯民而世爲有道之國矣臣請以創之之法言之禹之造夏有典則以貽子孫觀其文命四敷

聲教四訖則有以立乎紀綱政尚忠朴治先勤儉則有以定乎體統至于建官二百陶辟三千設六師以詰罪辨三壤以成賦夫秩有禮大夏有樂教民以序正朔以寅其制度又無不備禹之立法貽謀其善如此夏之治安于此乎致矣湯之造商昭大德以裕後昆觀其肇修人紀而九有有截則紀綱以立代虐以寬而兆民允懷則體統以定至于建三相以總百官制官刑以儆有位公田藉而不稅大輅質而得中國老養于右學庶老養于左學其制度亦無不備湯之立法貽謀其善如此商之治安于此乎致矣若夫周之文武啓佑後人咸正罔缺風化基于關雎內庭屬于冢宰樞機周密有以爲四方之綱明德而不敢忽慎罰而不敢濫仁愛忠厚有以爲四方之體其建官也六卿分職其制刑也三典詰姦田賦有

鄉遂都鄙之殊軍賦有鄉遂丘甸之異語禮樂則五禮以節
民性六樂以和民聲語教化則三物以興賢能四術以造俊
秀制度之備又何如也周之治安何異而不本于立法貽謀
之善乎下逮漢唐宋創業之君非不欲制爲如三代也但其
法有未善耳漢之高帝大封同姓委任大臣以鎮撫爲紀綱
約法順民掃除煩苛以寬仁爲統體命蕭何次律令命叔孫
通制禮儀章程定于張蒼軍法申于韓信以貽謀者又有
制度矣然大綱雖正而終不能無雜霸之非大體雖寬而孝
不能除慘夷之令庶尊章制而并因不復學校不興禮文多
闕而正朔不改官名不定則其法不能以皆善也唐之太宗
除亂致治四夷賓服庶乎知立國之紀綱屈己從諫仁心愛
人庶乎知爲政之統體以職事任官以尊本任衆以租庸任

民以府衛任兵禮制于房玄齡樂作于祖孝孫六學有領五刑有覆所以貽謀者又有制度矣然內多慚德有夷狄之風漸不克終來諍臣之疏法度之行禮樂之與擬之先王未備田疇之制庠序之教擬之先王未詳則其法不能以皆善也至若宋之太祖以忠厚廉恥爲紀綱而五事之美千古所無以偃兵息民爲統體而五季之弊一朝頓解兩府臺諫官之總察有方三衛四廂兵之節隱衛道華學有贊均田有令而教養之法可觀漏史制禮和峴制樂而禮樂之文可取又有制度以貽謀矣然宗室則無選擧教訓之實宿衛則聚乎伍無賴之人官司之課試不嚴學校之作成無要兵士每雜于疲老農民常苦于征徭其法又豈能盡善哉由是觀之則聖策所謂紀綱統體制度得失之詳可得而知矣臣請以守之之

勤言之夏啓有扈違命之時三正怠棄五行威侮禹之法不能無偏而不起之處也啓則敬承繼禹之道而奮勵有爲與滯補弊仍六卿以行天討申賞罰以肅人心卒使民被先王之澤而漸致有歸有夏盈成之治以勸而保矣商自盤庚既沒之後刑賞潛濫剥楚叛背湯之法不能無偏而不起之處也高宗則監于先王成憲而奮勵有爲與滯補弊求良弼以代王言[illegible]剝旅以昭揚武卒使民被先王之澤而小大無怨有商盈成之治以勸而保矣至若周自厲王之烈小雅盡廢而四夷交侵上帝板蕩而下民卒癉文武之法不能無偏而不起之處矣宣王由是奮勵有爲興衰撥亂庶幾復古明文武之功業六月出師復文武之境土卒使王化大行流繼還定周之盈成何莫而不保于與滯補弊之勤乎下逮漢唐宋

守成之君非不欲保治如三代也但其勤有未耳漢之宣帝
光武庶幾法祖之君也或承武昭虛耗之弊而綜核名實信
賞必罰伸威北狄功光祖宗或懲西京不競之禍而明慎政
體總攬權綱身致太平恢復前烈其興滯補弊之功烈有可
稱者惜夫神爵之後頗尚荒唐建武之中竟行封禪則其勤
有未至焉唐之玄宗憲宗庶幾法祖之君也或革前朝權戚
之變而勵精政事開元之際幾致太平或懲德宗姑息之禍
而經緯畢張元和之初威令復振其興滯補弊之功業有可
稱者惜夫天寶之末嗜慾滋生平蔡之後侈心遷動則其勤
有未至焉至若宋仁宗承宮闈弛政之後裁抑僥倖銳意太
平神宗懲黜輕委靡之餘發憤有為勵精求治亦可謂善法
祖宗而興滯補弊之功業有足稱者惜夫一則仁柔有餘而

剛斷不足一則詭言太廣而進人太鋭其勤又豈能至哉遂

是觀之則

聖策所謂奮勵有爲功業可稱之實可得而知矣大抵三代之法盡善盡美故其子孫有所據依而爲治也苟至于政散然後變其小節而其大體卒不可易漢唐宋之法不過因循就簡以苟一時之近功其善者常寡而不善者常大立之大義而弊已隨之後世之君區區修補百孔千瘡隨亂隨失雖欲言治皆苟而已洪惟我

太祖高皇帝混一區宇建制垂憲而法之貽于後者至精而至備

太宗文皇帝定鼎兩京許謨定命而法之光于前者愈盛而愈彰

請舉其大者言之

宮闈雍肅而無出閫之言左右忠勤而謹戴盆之戒在府部爲

股肱而專權不參倚臺諫爲耳目而國論有歸宗子分封以廣維城之助三司並置以革藩鎮之專申明典常而有以正天下之大誼誅逐胡虜而有以嚴天下之大防則紀綱之善無異乎三代矣治本人情而廣孝弟之化仁同一視而無南北之殊施猛政以濟寬用重典以平亂意[illegible][illegible]貪墨之肆害者必懲懷保小民豪強之凌暴者不貸則紀綱之善無異乎三代矣至若審官立銓選考課之方育材設學校科目之典財以足國而賦稅漕運有其經兵以衛民而番上分屯有其備禮儀有式冠帶有章而和敬之風以暢令頒于先律齊乎後而欽恤之意攸存則制度之善又無異于三代矣

祖宗之所以創業者其法既善自是而後若

仁宗昭皇帝之勵志圖治推誠任人
宣宗章皇帝之偃武修文五倫攸叙
英宗睿皇帝之乾剛獨斷克復舊物莫不以勤而繼守之傳至
陛下文能繩
列聖之憂勤守
祖宗之成法斯民樂育乎熙皞之治者蓋已百二十年　三代治
安之長久不是過矣
聖衷乃謂治極而逸理勢自然
祖宗之良法美意豈能悉祇承而無弊臣知此固
聖人憂勤不已之心臣敢不備陳經直以副
聖心之萬一乎臣惟法之立也本無不宜法之行也始有其弊因
其弊而救之則存乎其人古人有言曰救弊者莫如修德又

曰救弊者莫加責實臣愚竊謂今日救時之急務亦惟修德
責實蓋致其勤而已蓋德者法之本也德之修萬一有不慎
則其流之弊必至于縱欲以敗度譬之人傷其氣而寒暑易
侵木傷其根而風雨易折法雖具也亦徒法而已矣實者名
之主也實之責萬一有不覈則其流之弊必至于欺謾以成
風聲之摶土爲舟不足以利涉畫地爲餅不足以充饑名雖
美也亦虛名而已矣故以舜之重華協帝而伯益猶以罔失
法度爲言以舜之庶績咸熙而臯陶乃以屢省乃成爲戒致
以無虞之世其修德責實之功不可少怠耳今
陛下防非窒欲恪守舊章任賢使能大明黜陟所以修其德而責
其實者固不可以一有加矣而臣子之心每以有加無已而望
陛下此臣所以拳拳以勤爲獻也況夜

祖宗之法莫以勤而創之臣當觀

祖宗之諭近臣曰朕念創業之艱難日不暇食夜不安寢又曰

人君日理萬幾怠心一生則庶務叢滯其患不可勝言又曰

天下之大庶務之繁豈可使須臾怠惰一息惰則百務弛矣

凡此皆勤之準的也

陛下既知惓惓以法

祖宗爲念又可不法

祖宗之勤乎臣請以勤之說爲

陛下別白而重言之夫君者天也天惟聰明剛健動而不息是以

其光爲日月其文爲星辰其威爲雷霆其澤爲雨露而萬物

之宰乎勤者各得其職天之行也一息有不繼則運動無常

而不能以宰萬物矣人君之御天下以其能憲天聰明體天

剛健而惓惓焉勤勵不息也一或怠焉則德有不修實有不責先王之法委靡廢弛日趨于弊而已又安能保天下之治哉臣願

陛下所其無逸罔或不勤憲天之聰明以爲聰明體天之剛健以爲剛健一念之萌必謹而察之曰此于吾法得無有所害乎一令之出必反而思之曰此于吾法得無有所紊乎無所害也無所紊也然後從之不然不敢從也如是則人欲凈盡天理昭融

聖德益修而所以救弊者有其本矣由是條天下之事其大者有幾表天下之人其可用者有幾雞鳴而起曰吾今日爲某事用某人他日又曰吾所爲某事其事果濟矣乎所用某人其人果才矣乎事果濟也人果才也然後已之不然不但已也

如是則爲之而成章之而服名實相須而所以救獘者有其
要矣
陛下于是二者果能惓惓焉不違于心則勤之實以盡內外百司
羣工庶職孰敢不仰體
陛下法
祖之心念爾黙識恪守
典訓而躬行之乎以是守
祖宗之紀綱必能闢衆正之門杜羣枉之路威福得以專而無侵
撓之患政事得以修而無阿私之失以是守
祖宗之統體必能存仁厚之風行寬大之政垂旒黈纊而黜其聰
明藏垢納汙而務于包涵以是守
祖宗之制度必能惜名器公用舍以精吏治必能重師儒嚴科貢

以正士風理財也必能罷無名之征節不急之務用兵也必
能稽秘後之卒懲賄求之將禮樂則必能革奢僭之習攻淫
哇之聲刑政則必能除慘刻之科重威富之罰將見滯無不
興弊無不補今日之急務無不治良法美意無可以祇承而無
偏失不舉名存實爽之議由是而吏稱其職由是而民安其
業由是而中國尊而四夷服由是風雨時而嘉祥至凡
陛下所期無不如意而可以保盈成于萬世之久而可以躋至治于三
代之上矣區區漢唐宋之功業烏足言哉
陛下之所以策臣者大畧如此而于其終復
策之曰諸生學古通今有志于用世者其各直述以對無有所
隱且寵之以
朕將親覽之

陛下生成之德沐
陛下教養之恩學雖不足以通今而志于用世也文矣今書一發
文石之陛涉
赤墀之塗承
問而對臣之職也有言無隱臣之忠也況
陛下導臣而使之言哉臣復有一言以爲二
陛下獻者惟欲
陛下終始此勤而已昔周公之于成王有無逸之戒宋璟之于玄
宗有無逸之圖二臣之言初非有異二君之治乃有不同蓋
成王聽周公之言而無間故卒致鳧鷖之休玄宗用宋璟之
言而不終故卒成天寶之禍是則人君之治莫不興于勤而
廢于逸人君之勤鮮克善于始而慎于終此前代彰灼著明

之效有國者不可以不慎也伏願

陛下以成王爲法以玄宗爲戒以臣之言爲不欺慎終如始不孩

遠猷則

祖宗之法有不難守天下之治有不難保矣惟

陛下留神省覽果如

聖諭則臣之幸也

宗社之福也天下萬世無疆之休也臣干冒

天威不勝戰慄之至臣謹對

陛下教養之恩學雖不足以適今而志于用世也久矣今幸一登

陛下進賢之路亦

皇帝制曰朕聞治道之要有三曰立志責任求賢古帝王心法相傳理欲明辨建官分職賢俊畢登于斯三者無不至矣其君臣之間所以交相儆畏與其事功之詳治化之盛可歷言歟後世願治之君孰不以唐虞三代爲法然究其實不能無疑石渠講經遍屏書事崇儒有論藝古有記立志篤矣何躬修玄默督責自攬者治效獨優歟公卿省寺兩府臺諫無論有官總察有方責任當矣何日不暇給後已利物者功業獨盛歟郡國公府皆得薦士四科九品隨材甄擢舉賢博矣何材策相從躬駕枉顧背待人獨異歟之數君者其所建立施爲果皆本于儆畏所致抑亦隨其才力所就而然歟述其事功治化視唐虞三代可能企及否歟朕嗣守

祖宗鴻業夙夜祗勤惟恐制治保邦未盡其道期于小大庶官咸
稱厥任窮陬茅屋間有遺逸如古帝王熙皞之世果何修而
致是歟諸生博通古今之學明習濟時之務其參酌內外本
末悉心以對毋徒膠于見聞而爲故常之論朕將資以裨治焉

臣李旻

臣對臣聞帝王之爲治有先務焉有大本焉不知先務則爲
施無序不可與論先治之道不知大本則趨向多端不可與
論先務之急立志責任求賢爲治之先務也三者之中立志
爲大本苟志既立則無不可爲者責任而任得其當求賢而
賢得其人施于爲治之道無所往而不遂志苟不立則中無
定見雖責任而用非其人雖求賢而舉非其賢如是而欲求
天下之治戛戛乎其難矣故臣以三者爲帝王爲治之先務

而立志焉者又出治之大本也欽惟

皇帝陛下稟聰明睿智之資備剛行中正之德道已至矣而猶以爲未至治已成矣而猶以爲未成乃進臣等于

廷親試策問諏治道首舉立志責任求賢三事爲言既羨慕乎唐虞三代事功治化之美又反覆乎漢唐宋諸君建立施爲之異未乃慮夫制治保邦猶未盡其道小大庶官或不稱其任窮簷蔀屋或尚有遺逸而期如古帝王俱興之世之伏處

陛下之明詔仰窺

陛下之淵衷信乎大有志矣持此以往可以爲有爲可以恢弘

祖宗列聖之業可以比隆唐虞三代之盛而陋漢唐宋于不爲矣尚何待于臣言哉然臣素所蓄積欲陳一得之愚于

丹陛之下亦已久矣矧兹特承

下問敢不殫厥心思以對揚于萬一耶竊惟唐虞三代之治
祖宗列聖之法布在方冊無不可舉然非志向之定不能舉而行也雖有其志非責任得人其孰承而行之責任雖當非得賢焉用其孰布之天下乎古昔帝王若堯之授舜曰允執厥中舜之授禹曰惟精惟一允執厥中禹之克勤于邦克儉于家湯之以義制事以禮制心文王之緝熙敬止武王之建其有極其心法相傳理欲明辨志之立也可謂至矣堯之于舜舜之于禹禹之于伯益湯之于伊尹仲虺文武之于太公周公或使之宅百揆或付之以國政其責任何其專耶堯之明揚側陋舜之登庸元愷禹之庶明勵翼湯之立賢無方文武之先後奔走同心同德或鄉舉里選之有制或俊選造進之殊升其求賢何其盛耶以堯舜禹湯文武之聖而其立志責任

求賢也既已篤志而無歉矣其在當時君之于臣曰予違汝弼曰勅天之命惟時惟幾曰慄慄危懼若將隕于深淵其所以儆畏乎其臣者惟恐其或怠臣之于君曰慎乃在位曰儆戒無虞罔失法度曰夙夜罔或不勤其所以儆畏乎其君者惟恐其或驕以唐虞三代之際君臣之間交相儆畏又如此是以語其事功則敬敷五教播時五穀遂乎天叙禮備樂和人紀之肇修彝倫之攸叙事功之大無以加焉語其治化則五典克從百揆時叙四方有風動之休比屋有可封之俗山川鬼神亦莫不寧鳥獸魚鱉亦得咸若治化之盛又何隆也逮夫後世願治之君皆欲效法前古究其為治之實不免有可疑者漢宣帝講五經同異于石渠之閣唐憲宗書君臣行事于座右之屏宋真宗崇儒之有論仁宗鑒古之有記似乎

有五志矣然而宣帝共于雜霸憲宗惑于異端真宗有天書
之𢀿仁宗少剛明之資其所謂志者不過言語文字之間而
已雖漢文帝躬修玄默宋太祖質任自然雖若無所見其志
然一則鑒亡秦暴虐之餘治先恭儉一則懲五代猜忌之弊
頭亂來然其識見定而如此治效之獨優豈不宜歟漢以丞
相太司馬御史大夫爲三公九卿則太常光祿衛尉太僕鴻
臚少府司農宗正廷尉是也唐以尚書中書侍中爲三省九
寺則太常光祿衛尉宗正太僕大理鴻臚司農太府是也宋
之中書省樞密院謂之二府臺諫則御史臺諫院是也但秩
既列職守斯存或兼其官或攝其事而各隨所宜或總其綱
或察其失而各盡其道似乎能責任矣然而三公無論道之
實九卿多冗職之員甚至兵民之不相關名實之不相稱其

所謂責任者不過制度文爲之末而已惟漢高帝日不暇給唐文皇役已利物雖若任已而不任人然一則蕭曹當相國之責良平受腹心之託一則房杜任謀謨之寄王魏擅諫諍之名其責任有實又知此功業之獨盛詎不信歟漢之郡國舉士大槩有三一曰賢良方正二曰孝廉三曰博士弟子幹佐曹吏拔于州縣然後辟于公府公府舉爲曹掾然後用于朝廷武帝時有四科以選士以德行高妙志節清白爲一科學通行修經中博士爲一科明習法令足以决疑能按章覆問文中御史爲一科剛毅多略遭事不惑明足决斷才任三輔縣令爲一科魏立九品官人之法州郡皆置中正區別人品第其高下言行修者則進之道義虧缺則降之夫郡國公府皆得薦士舉賢之途寬矣四科九品隨才甄擢用人之法

審矣求賢如此似乎能得賢矣然而有中正則寒素不得進有資格則豪傑不得伸或未察文行而先世系之察或不求德業而惟身言之求其所謂求賢者不過常調之流而已惟漢光武之于鄧禹杖策軍門數言而合幾于文王之得太公漢昭烈之于孔明躬駕茅廬三顧而起幾于成湯之求伊尹求賢若此得人之獨異又何怪歟之數君者其于建立施爲固非異常可及然推本言之亦皆隨其材力所就而然耳若其儆畏之志或暫存而即亡或始勤而終怠君之所以用其臣惟因材以備任使而非有一體之誠臣之所以事其君惟隨時以就功名而非有格心之學宜其事功之卑治化之淺漢止于漢唐止于唐宋止于宋而終不能企及于唐虞三代也惟我

祖宗列聖創業守成皆以帝王爲志而責任求賢皆以帝王爲法
于斯三者無不至焉其事功治化固非三代以下之可及矣
仰惟
陛下纘承丕緒二紀于茲恪守成規一動不苟于斯三者豈有不
至哉然猶慮夫制治保邦未盡其道者此固
聖志之發見也臣願
陛下堅持此志朝兢夕惕以聖人之言爲必可信以帝王之政爲
必可行省察于念慮之微儆戒于言動之際體乾道之至健
同天運之不息不狃于近規不惑于衆口求所以制治保邦
之本何在也必如堯舜之執中禹之勤儉湯之義禮文王之
敬武王之極必期致天下如唐如虞如三代之時而後已古
人有言功崇惟志又曰有志者事竟成志誠立矣何慮乎制

湯保尹之未盡其責爾勿諉其予[illegible]大庶官咸稱厥任者此

則在爲上者責任何如耳臣願

陛下先責任乎大臣咸與之爲一體任股肱之寄者使各盡其職任心膂之托者使各盡其忠待之以誠禮之必厚言無不聽計無不從不爲讒譖之所間不爲邪佞之所移必如唐虞之于舜禹三代之于伯益伊呂責任之而無二焉古人有言任賢勿二又曰尊賢使能俊傑在位則天下之士皆悅而願立于其朝任得人矣何患乎小大庶官之弗稱厥任耶所謂期于窮陬蔀屋間有遺逸者此則在爲上者求賢何如耳臣願

陛下專心致意博訪廣詢以求賢爲事以得賢爲期或揚之于側陋不以疎而遺棄或舉之于世族不以親而避嫌大臣之推賢援能者旌賞之所司之蔽賢自任者疎斥之必如堯舜之

咨舉禹之俞受湯之好問文武之作人惟賢則舉之而無嫌焉古稱萬邦黎獻共惟帝臣又曰野無遺賢良在求之者有其道也誠求賢矣何患乎窮陬蔀屋之尚有遺逸耶曰立志曰責任曰求賢雖有三者之分其實皆在

陛下之志所向而已

陛下試日省之外而

朝廷内而宫壼又察而隱微之間此志之存果無一息之少懈乎一或少懈則取人之際有失雖欲責任而任或匪其人矣責任之重大而臺省近而館閣又切而侍從之臣試日察之果無一人之不稱者乎一或不稱則不免有蔽賢之失雖欲舉賢而賢者不爲之用矣誠使吾志立而責任必得其人責任當而賢才皆樂于用自此而興學校則教化無不行自此

而勸農桑則田野無不闢簡軍旅而武備修寬賦稅而倉廩實興利除患之方備災禦患之法安國養民之術皆可以次第行之舉而措之不患乎不逮也是則治天下之要固在乎求賢而求賢之方必先乎責任所以爲責任之大本則在乎

陛下之心志也然欲立之志又豈待他求哉臣伏覩

聖諭理欲明辨也交相儆畏也即此乃立志之機而其用功則在乎學問之間書曰惟學遜志務時敏厥修乃來詩曰日就月將學有緝熙于光明仲虺之誥成湯曰能自得師者王傅說之告高宗曰念終始典于學厥德修罔覺孔子大聖人也猶曰我學不厭衛武公年九十五矣猶日使人誦於其側矧夫

人君之尊九重深嚴萬幾繁夥公卿輔弼不能以常接法言讜論不得以常聞惟潛心于學問留神于講讀雅言大學衍篇正

心誠意之功博求經史而盡人情事變之詳于以開發聰明

而涵養德性于以闡所未闡而見所未見天理由是而益明

人欲由是而益消儆戒之念不忘于心胸奧安之私不形于

動靜則志不待立而自立心不待存而自存責任必得其當

求賢必得其人心即帝王之心道即帝王之道無爲之事功

熙皡之治化自有不負所期而不遂所願者矣臣章句迂儒

草茅賤士雖不能通于古今之學明人濟時之務亦不敢學

見聞之陋爲故常之言以干冒

聖聽然而陳堯舜之道盡忠愛之心則固臣之素心也伏望

陛下俯垂採擇而加之意焉則斯世斯民何其幸耶臣不勝悚懼

之至臣謹對

皇帝制曰：朕奉丕圖，究維化理，欲追三代以底雍熙，不可不求定論焉。夫三代之王天下，必有紀綱法度，然後可以言治；而議者乃謂三代之治在道不在法，豈法無所用乎？聖王法必有名以表實，然後可以傳遠；而議者乃謂三代之法貴實不貴名，豈名非所先乎？治不在法，則繼以仁政之説似戾；法不貴名，則孔子正名之説似迂。二者將何所從也？自是稱治者莫盛于漢唐宋。漢大綱正于父子君臣之道蓋得矣，而其治何以不純乎？夫唐七制之君，知重道者孰優乎？唐萬目舉，如田賦兵刑之法近實矣，而其治何以不相遠于漢？三宗之亦能守法者孰賢乎？至宋則大綱正，萬目未盡舉，似于唐不及；然又謂其家法有遠邁漢唐，足以致太平者八事，而并指其君之賢其說又何所據也夫法不徒行名不苟立古之人必有處乎民者而後世獲效之不同于彼何也茲朕于道必欲探其精微之蘊于法必欲參其制作之詳于所謂名與實者必欲考求三代之所以相須而治漢唐宋之所以不相須而治不古若者庶幾取舍明而躋世雍熙可期也諸生學古道今出膺時用必審知之矣其各殫心以對毋泛毋略朕將采而行焉

臣王華

臣對臣聞人君之治天下有體焉有用焉體者何道是也用者何法是也道原乎天而不可易所以根柢乎法者也法因乎時而制其宜所以品節乎道者也道立而法未備則民生未遂民患不除未足以言治法具而道有未立則綱常淪斁

風俗頹靡又奚足以爲治哉故善爲法者不徒恃乎法以御
天下之人要必本于道而善爲法者不徒徇乎名以誣天下
之人要必求其實焉夏商周之所以致天下于大治者以其
有得乎此也漢唐宋之所以治不古若者以其胥失乎此也
然則
今日欲究化理而求定論亦惟遵三王之道行三王之法務使
全體大用之畢舉而陋漢唐宋于不爲可也豈必外此而他
求哉書曰監于先王成憲其永無愆此之謂也欽惟
皇帝陛下睿聖聰明根于天性寬仁恭儉見于躬行丕承
一祖四宗之鴻圖默契二帝三王之心學涵養深而天理明歷閱
久而世故熟是以十有八年之間
聖德日新治效日隆誠可謂

大有爲之君不世出之主也然猶不自滿假迺于
萬幾之暇
廷集諸生諏咨治道且欲求一定之論以追三代之隆臣有以
陛下是心其卽古帝王好問好察謀及士庶之心也臣以草茅之
微獲與諸生之列仰承
明詔敢不俯竭愚忠茂明
大對以少裨萬分之一乎臣竊惟治之體本乎道治之用存乎
法法之行必本其名而名之立必有其實人君所以持一定
之論而致雍熙之治者端在乎斯矣且道莫大乎綱常法莫
大乎田賦兵刑三綱不正不足以言道四事不舉不足以語
法臣請先以家喻之今有鉅室焉父慈而子孝夫義而婦聽
其家道正矣然而耕耨失其時收斂無其術仰不足以事父

母俯不足以畜妻子或門庭之寇不能禦或奴隸之肆無所懲如此而謂之家齊不可也其或家給人足令行禁止而父子夫婦之間或有所歉如此而謂之家齊不可也又或事有而爲之名以聳人之觀聽而求其實則泯然無蹟之可舉如此而謂之家齊可乎家之與天下勢不同而理則道也法也實也名也誠可相有而不可相無也昔者三代之王天下蓋有法以轄其治非專特乎法也蓋有名以表其實非徒徇乎名也原請畧舉其槩如夏則三壤以制井田差爲九等以定貢賦六師以征不序三千而有贖條此有夏治天下之法也八家各授一區以爲私田八家同養公田以給賦稅設六軍之制制風愆之刑此有商治天下之法也詳之爲井牧溝洫而田有所分織之爲九府圜法而賦有所統司馬掌九伐之

法以正邦國司寇掌五刑之制以糾萬民非成周治天下之法乎其制田賦也實足以裕民而足國其制兵刑也實足以禦亂而禁奸豈徒爲虚名而已哉舜禹之治本于祗台德先而率由典常則其法有道以爲之體故能文命誕敷以臻聲教四被之治湯之治本于克寬克仁而肇修人紀則其法有道以爲之體故能表正萬邦以成兆民允懷之治文王純亦不已而茲迪彝教武王建其有極而重民五教則周之法亦有道以爲之體此所以致有夏修和四海永清之治也宋儒羅從彥謂三代之治在道不在法三代之法貴實不貴名益言法之不可以離道名之不可以失實耳夫豈謂法無所用而名非所先乎三代而後稱善治者莫過于漢唐宋若秦隋下季之流皆無足齒矣漢高祖用三老之言而發義帝之喪

赦季布之罪而戮丁公之叛，則君臣之義以明；因家令之言而尊禮太公，爲四皓之名而割愛衽席，則父子之倫無失。是大綱正而道得其緊矣。惜乎規模雖宏遠而多襲亡秦之舊，詩書之不事，而不脱馬上之習，故其時去成周雖未甚遠，而田賦兵刑之類多缺典矣。果能如三代之制，道法無負者乎？漢有天下歷年四百，高祖而下若文帝之躬修玄默，武帝之雄才大畧，宣帝之信賞必罰，光武之沉毅先物，明帝之遵守成憲，章帝之寬厚長者，亦皆一世之賢君，王通取之爲七制宜矣。然以重道言之，則聖賢大學之道，繄乎其未之有聞，未敢必其爲孰優，此漢之治所以止于漢也。唐太宗制口分世業之田，租庸調之法，彷彿乎先王田賦之遺意；定上中下府兵之制，五覆奏三訊之刑，依稀乎先王兵刑之舊規。是[illegible]

目擊而法近乎實矣猶乎制度雖益詳而不能自身推之于家紀綱雖益密而不能自家達之于國故其法視兩漢雖若過之而父子君臣之間多慚德矣果能如三代之法名實相須哉乎唐有天下傳世二十太宗而後若玄宗之削平内難勵精政事幾致太平憲宗之剛明果斷能用忠謀克除僭叛亦皆繼世之令主史臣取之為三宗當矣然以守法言之則二帝三王之法邈乎其未之能及臣未敢必其為孰賢此哉之治所以上乎唐也逮宋室之興太祖開基事周后如姊愛少帝如子鞭朴不施于殿陛罵辱不及于公卿慈闈一言載在金匱奢乙可也象付托得人其大綱可謂正矣但其兵雖有三衙四廂之制而不足以禦外侮刑雖有折杖常刑之典而不足以禁奸吏天下之田雖二十稅一而未能合乎井牧溝

逾之制役民之法雖因乎唐制而未若租傭調法之詳其節目則未盡舉也夫大綱雖正萬目未舉似乎唐不及也而其家法之善則有過于漢唐者焉呂大防嘗言前代人主朝見母后有時祖宗以來朝夕咨見此事親之法也前代大長公主以臣妾之禮見仁宗以姪事姑此事長之法也前代宮闈多不肅本朝宮禁嚴密此治內之法也前代外戚多預政事本朝不許與事此待外戚之法也前代宮室多尚華侈本朝宮殿止用赤白此尚儉之法也前代人主在宮禁出輿入輦祖宗步自內庭出御後殿此勤身之法也前代人主在禁中冠服苟簡祖宗以來燕居必以禮此尚禮之法也前代多深于用刑惟本朝臣下有罪止于罷黜此寬仁之法也凡此八事信乎家法之過于漢唐矣太祖而下如太宗之恭儉好文

真宗之寬仁慈愛仁宗之力行恭儉英宗之優禮大臣庶幾

其賢者歟惜其仁厚有餘而剛斷不足此宋之治亦止于宋

而已矣法非自行必本于道而後行名非自立必有其實而

後立古之人皆有以處乎此而後世獲效之不古若豈非以

其或有體而無用或有用而無體歟洪惟我

朝

太祖高皇帝創業垂統用夏變夷大誥申明五帝之義律令詳著

萬法之條養民有田足國有賦禦暴有兵禁奸有刑大綱畢

正萬目具舉其

弘謨丕範誠足以超越三王垂示萬世矣

列聖相承重光繼照至于

陛下祖述憲章克紹前烈大孝尊

敍[illegible]隆惟于

慈極彝倫攸敍下疏處于

天潢分田賦民征

祖宗之成憲是遵練兵田刑惟

祖宗之舊典是式總萬善于一身光百王于千載其于道法兼綜

之要名實相須之義一固已洞燭于

淵衷矣然于道欲探其精微之蘊于法欲參其制作之詳于所謂

名與實者欲考求三代以之所以相須而治後世之所以不相

須而治不古若者臣以為此無他在

陛下一心轉移間耳蓋人之一心至虛至靈所以具衆理者在是

所以應萬事者在是但為氣稟所拘物欲所蔽其全體大用

始有不明矣

陛下誠能先明諸心復其本然之正去其外誘之私不爲後世駁
雜之政所牽滯不爲流俗因循之論所遷惑則于道也必能
探求其精微而見于日用彝倫之間莫不各有以盡其當然
不易之則矣于法也必能參詳其制作而形于紀綱法度之
際莫不皆有以成其巍然廣大之業矣至于考求其名實則
知夏商周之精詳非若漢唐宋之濶畧而其得失之際又豈
待辨而明哉程子曰必有關雎麟趾之意然後可以行周官
之法度是知道與法必兼資而後可以言乎治孔子曰君子
名之可言也是知名與實必相須而後可以傳諸遠然則道與
法兼資名與實相須孰謂不在
陛下方寸間耶雖然人君之治固本于一心而正心之要尤在于
意誠大學曰欲正其心先誠其意使意有不誠則無以正其

心而推于治矣臣願

陛下窮理以致其知存誠以立其本而凡一念將發之頃必察其

天理人欲之幾天理耶必循之而造其極人欲耶必遏之而

絶其根

大廷廣衆之中固此誠也深宫燕閒之地亦此誠也念念相承

無少間斷則一理渾融

萬幾密勿將見体用兼全本末日舉

陛下今日之治道與三王同一道心之精微

陛下今日之治法與三王同一時中之妙用而盛治之效亦將與

三代比隆矣區區漢唐宋之治何足言哉昔宋儒朱熹入對

有戒其勿以正心誠意之説進者熹曰吾平生所學在此四

字豈敢隱默以欺吾君臣嘗誦此以自箴警今承

明詔故于篇終直舉所得于學者以爲獻亦何敢自負所學以

欺吾

君父耶臣不勝惓惓之至伏惟

陛下留神察焉則天下幸甚萬世幸甚臣謹對

戊戌科成化十四年

皇帝制曰朕聞昔者三代聖王之化成天下各有所尚夏忠商質
而周文也享國既久其蹟可指言乎生民以來稱至治必曰
唐虞三代今止言三代而不及唐虞者然則唐虞獨無所尚
乎史謂三王之道若循環終而復始春秋變周之文從商之
質豈時然乎質法天文法地果然否乎漢損周之文用夏之
忠有所據乎唐宋二代歷年亦久有定尚乎我
太祖高皇帝肇造洪業變夷為夏重修人紀再整衣冠有功于
天地大矣
太宗文皇帝纘紹大統中靖家邦
列聖相承益隆治教百餘年來海內漸摩仁義之澤厚矣其所尚
可名乎若名曰忠民情猶變詐而多訟非忠也若名曰質民

用猶奢靡而踰分非質也若名曰文民俗猶粗鄙而鮮礼非文也名既不可然則今之世其如唐虞之無所尚乎朕欲移風易俗去其所謂忠質文之弊悉圖斯人于皇極之中行之自何始乎諸生明經待問久矣茲咸造于廷詳著以獻朕將親覽焉

臣曾彥

臣對臣聞帝王之致治同一道帝王之行道同一心蓋萬古一道千聖一心也孰謂帝王之致治有不同道而其行道有不同心者乎道之大原出于天其全体具于吾心其實用散于事物千聖由之而無外萬古行之而無弊但其繼世有治亂而道不能無變同繼治世者道固不容于不同矣繼乱世者可容不變以救弊而求歸于同者哉若堯舜禹之禅受而

無所變更固同此道同此心也湯武之弔伐而有所損益亦
同此道同此心也漢唐宋之戡亂而治縱不古若者偏非此
道此心有所未純或善而不能守弊而不能救者歟然則有
天下者正心以端天下之本行道以濟天下之用則治可以
興弊可以救俗尚可以移易而囿斯世于
皇極之中追唐虞跨三代陋漢唐宋于不爲端在此矣仰惟
皇帝陛下稟聰明睿智之資備中正仁義之德運乾剛而獨斷普
離明而畢照遠宗帝王之道近守
祖宗之法道已至而猶以爲未至治已臻而猶以爲未臻乃特進
臣等于
廷降賜
明詔首問唐虞三代暨漢唐宋之俗尚次及方今民俗不淳之

故且責臣等陳其所行之始臣有以知
陛下之心思匹休于二帝三王而隆
祖宗大業于無窮也臣敢不拜手稽首對揚
休命之萬一乎竊惟聖人未生道在天地聖人既生道在聖人堯舜聖人也禹湯文武亦聖人也堯舜相繼而爲唐虞聖聖相承同守一道斯時也在官咸九德之俊乂在野皆時雍之黎民但見萬邦協和而已政無可救之弊但見四方風動而已俗無可更之化致治之迹譬之元氣流行渾渾噩噩機緘莫測後世雖欲強言其所尚得耶孔子曰大哉堯之爲君蕩蕩乎民無能名焉又曰無爲而治者其舜也歟正此謂也及乎禹繼舜而爲夏亦聖聖相承同守一道斯時也猶有虞唐之遺風而無可救之弊政然當地平天成之後事爲漸繁之

良政治之興自不得不尚忠忠者渾然堅確之謂未有形質之可指如勞民至于握髮泣囚至于下車任土作貢使隨所出以貢上錫土錫姓使隨所居而別族凡其典則之貽率多出于忠誠也其後歷年四百不幸有桀廢棄五紀滅德作威夏之政于是大壞矣湯不得已起而代夏欲纘禹舊服而創正矯誣制度不得不漸趨于詳而尚質質則已具文之體而猶有淳朴之意如三風十愆官有常儆八宗九區田有定畫宗廟有頌而詞尚簡古大輅有辯而制尚渾堅凡其謨訓之傳率多出于質朴也其後延祀六百不幸有紂侮慢五行沉湎酒色商之政于是大壞矣武王乃不得已起而代紂欲反商舊政而維新汚染制度不得不益增以詳而尚文文則事事皆有文采之粲然如建官倍夏商之數取民兼貢助之

法追王加謚以示民敬通夷頒貢以示民威邦國都鄙之歲有教比閭族黨之將有禁銘太常以紀功坐嘉石以識罪凡其車服宮室器用之制莫不各有上下貴賤等威之詳信郁郁乎其文也其後歷世既久不幸一壞于幽厲再弱于平王而成周大業掃地矣夫三王之法始無有不善及其久也而弊生焉聖王者作欲起偏而救弊必因時而制宜初未嘗號于衆曰我欲尚文尚質尚忠也後人見其不同者有如此故因而名之爾孔子曰殷因于夏禮所損益可知也周因于殷禮所損益可知也所謂損益者亦以維持其所因者而已矣夫豈有異道哉史遷謂三王之道若循環終而復始良以古今之變極而必反如晝夜之相生寒暑之相代乃道之當然也惟聖人爲能察其道之所在而變以救弊若周之衰文弊

窮弊正當救之時也而聖王不作莫能救之孔子有德無位乃假魯史修春秋以寓一王之法如商之爵三等說者謂法天之三光天道本下親親而質省也周之爵五等說者謂法地之五行地道敬上尊尊而文煩也春秋合伯子男爲一也辭無所貶皆從子四夷進爵皆稱子隱然寓改文從質之意孔子不云大道之行與三代之英丘未之逮也而有志焉他日答顏淵爲邦之問曰行夏之時乘殷之輅服周之冕樂則韶舞由是觀之使聖人代周而王其所損益可知矣柰何繼以嬴秦之強戾破壞先王之法度焚燒孔子之六經而秦亦隨以亡矣自秦而下享國長久者曰漢曰唐曰宋皆以除暴禁亂除虐以寬厚加于生民故天下歸心焉然詳諸君不知正道之趣惟就商周之政而孔子之法隨補隨漏又寧有定尚

耶董仲舒曰漢宜損周之文用夏之忠亦循環之說也漢高帝寬仁大度而務爲簡易文帝恭儉節用而示民敦朴頗似忠也然猜忌智術之多端其治未免于雜霸忠果安在哉唐太宗勉行仁義而容直諫玄宗銳志勤儉而敦友愛頗近質也然骨肉閨門之多慚其治未免于雜夷質果安在哉宋太宗用儒臣而罷節鎮仁宗任文士而重學校君臣之間恩禮縟繁朝廷之上議論詳複禮樂之推究道學之倡明庶乎其尚文也然議論多而成功少僞學張而道學禁文安在其爲文乎程伊川有言人君不爲後世駮雜之政所牽滯則志定而治成區區漢唐宋駮雜多矣臣不欲爲

陛下俯胥陳之亦知

陛下之志不在乎此洪惟我

日久趨向漸乖臣亦不能保其無他

聖慮者茲欲移風易俗去其弊而還其淳夫豈有他道哉欲正萬

民必自正百官始欲正百官必自正

朝廷始而欲朝廷之正其本在

陛下一心耳

陛下之心一于忠誠而智術之不用使朝廷之上懸乎忠誠之相

孚又擇忠誠之士以臨民而欺詐者必黜則源清而流潔將

見民皆讓畔于耕讓路于行縱有無情者亦不得盡其辭矣

尚何多訟之足慮乎

陛下之心務敦質朴而奇巧之不尚使朝廷之上淳乎質朴之相

欽又擇質朴之士以養民而貪墨者必罷則表正而影端將

見民皆務本節用量入爲出縱有好侈者亦必革其心矣尚

何僭踰之足慮乎

陛下之心崇乎禮文而尙簡之不形使朝廷之上秩然禮文之輔梭又擇有禮而文者以教民而鄙陋者必去則身教者從將見民皆興乎禮而進退揖讓之有節冠婚喪祭之有儀所謂非禮無爲也尙何粗鄙之足慮乎忠也質也文也以之相爲而不偏廢以之相濟而不偏重上行而下效世守而不失則可以躋斯世乎

皇極之中矣而曷嘗不自

聖心中來耶蓋有此心則有此道有此道則有此治有此治則無此弊理之必然也故臣之愚斷以爲致治雖行之始實不外乎

聖心也雖然人有是形莫不有是心一心之微衆欲攻之不能全其體以擴其用者多矣所以持是心使不爲物欲所昏擾其

朝
太祖高皇帝膺
天明命肇造
鴻業汛掃胡元之陋俗大興
昭代之文明立人紀于淪斁之後復衣冠于左衽之餘此與湯
之伐夏武王之伐商其救弊一也而功實倍之曁我
太宗文皇帝肅清邦家
仁宗昭皇帝綏寧海宇而繼述之功益隆
宣宗章皇帝弘敷德教
英宗睿皇帝誕布仁恩而雍熙之治益盛此又與舜之繼堯禹之
繼舜同一揆也臣嘗伏覩
祖宗之時訓誥之頒仍詔旨之諄切布在天下昭如日星其教民

以忠也使之崇廉恥篤倫誼不復爲向之刻薄其教民以質也使之惇信實從儉約不復爲向之僭踰其教民以文也使之習禮樂誦詩書不復爲向之粗鄙此又與孔子之斟酌損益同一意固未可以一端名也書曰大哉王言又曰一哉王

心臣請以爲

祖宗頌蓋我

祖宗之道即堯舜禹湯文武孔子之道我

祖宗之心即堯舜禹湯文武孔子之心也是以百餘年間海内承平涵育漸摩論肌浹髓斯世斯民固宜其無不遵從矣然而

陛下猶慮其變詐多訟之非忠奢靡踰分之非質粗鄙鮮禮之無

文此固

陛下不自滿假望道未見之盛心也然民心有欲萬一不齊承平

要又在于敬乎敬者聖學之所以成始成終者也堯之欽恭
舜之恭已禹之祗德湯之聖敬文王之敬止武王之肅將凡
聖人之持心必自敬始易所謂乾乾書所謂精一詩所謂思
無邪禮所謂毋不敬凡聖經之垂訓未始不丁寧于此也伏望
陛下靜而敬以存養此心之体動而敬以察此心之用不二以二
不參以三不東以西不南以北
大廷如是深宮如是大政大事如是微言細行如是使人欲日
淨天理日明則心無不正而道從此出由是應事而事無不
當由是處物而物無不宜民生由是而益厚風俗由是而益
醇華夷蠻貊由是而益率俾四時五行由是而益順序五岳
四海由是而益效靈曠世之祥諸福之物由是而無不臻矣
此則臣之所拳拳深望于

陛下者
陛下策臣等而于篇終有曰子諸生明經待問久矣茲咸造于廷
詳著以獻朕將親覽焉其所以期待臣等可謂至矣臣受
國家生成之德荷
國家教育之恩平昔所講者堯舜禹湯文武之道所明者易書
詩禮樂春秋之經忠君愛國
君愛國懇懇之心素所畜積然也今日幸奉
大對不敢虛引泛説謹述二帝三王六經心法之要為終篇獻
伏惟
陛下不厭為迂濶之常談而
垂意焉則天下幸甚臣干冒
天威不勝戰慄之至臣謹對